Werner Kleine

Parole Heimat

Kriegserinnerungen

Stationen einer Flucht nach Leipzig

Bibliografische Information der Deutschen Nationalbibliothek:
Die Deutsche Nationalbibliothek verzeichnet diese Publikation in
der Deutschen Nationalbibliografie; detaillierte bibliografische
Daten sind im Internet über http://dnb.dnb.de abrufbar.

Herausgeber: Peter Neumann
Lektor: Gernot Griebsch
Layout/Satz: Peter Neumann
Umschlaggestaltung: Peter Neumann

Herstellung und Verlag:
BoD – Books on Demand, Norderstedt

ISBN: 9783752835908

Meinem Sohn Lothar in Dankbarkeit gewidmet

Vorwort

Weil man sich von seiner Vergangenheit nicht einfach abkoppeln kann, schrieb ich über den Krieg.

1933, bei Adolf Hitlers „Machtübernahme", war ich zehn Jahre alt.

1945, als das „tausendjährige Reich" ruhmlos unterging, befand ich mich im 23. Lebensjahr. Meine Geschichte hält sich streng an ein im April 1994 von Dr. Fritz Jahn und mir erarbeitetes Erinnerungsprotokoll. Jede Schilderung ist ausgefüllt mit Tatsachen und bezieht sich auf echte Erlebnisse. So, wie ich es heute beschreibe, ist es damals gewesen; so wie ich es ausdrücke, könnte es damals gesagt worden sein. Ich vermittle jedoch nicht nur Autobiographisches.

Meine Geschichte soll Entscheidungen verständlich machen, die in der sich kurz vor Kriegsende abzeichnenden Katastrophe von mir getroffen werden mussten.

Als ich zu schreiben begann, erlebte ich noch einmal die Bilder und Geräusche der Front. Nachts tauchten verdrängte Gefechtserlebnisse empor. Wenn ich aufstand, hatte ich Mühe, die Gedanken niederzubringen. Sie wurden zu Wachträumen von Abschieden, Drill und Verwundungen. Von Bahnhöfen, Kasernen und Lazaretten. Und zu Erinnerungen an Freunde und Kameraden, die unter dem Stahlhelm litten und in der Uniform starben. Annette Wolf, meine Lebensgefährtin, brachte mir großes Verständnis entgegen, als mich die Vergangenheit einholte. Für ihre Geduld darf ich mich an dieser Stelle besonders herzlich bedanken.

Der Autor

Einleitung

Die meisten Menschen bemühen sich, ihren Nachkommen etwas zu hinterlassen. Der Reiche vererbt Immobilien, der Arme ein persönliches Erinnerungsstück.

Es gibt andere Werte. Etwas zurückzulassen kann auch heißen, für seine Kinder und Enkel eine Geschichte aufzuschreiben. Denn das Leben ist die Summe einzelner Geschichten. Doch welche besitzt die Aussagefähigkeit, sich gerade für sie zu entscheiden?

Mich gab es als Schüler, Pimpf, Balljungen, Lehrling, Reichsarbeitsdienstmann und Soldaten. Erzählt man die Geschichte des Schwarzhändlers oder besser eine vom Handelsvertreter Kleine? Des Großhändlers, Ehemannes, Vaters? Wie wäre es mit Berichten über unsere Flucht aus der DDR 1953? Diese Reihe ließe sich beliebig fortsetzen. Beim Erzählen war es für mich ein schöner Gedanke, dass ich zwar mein eigenes Leben meinte, zugleich aber einen Zeitabschnitt meiner Generation beschrieb. Wenn andere Menschen beim Lesen meiner Geschichte empfänden, sie läsen gar nicht aus einem fremden, sondern aus ihrem eigenen Leben, dann wäre mir eine lebendige Geschichte gelungen. Denn wirklich tot ist der Mensch erst, wenn keiner mehr lebt, der ihn kannte.

Geschildert werden meine letzten Fronterlebnisse in den Wochen, als der Krieg schon „zum Kampf um Heimat und Familie" geworden war. Ich war ein Landser, der - mit Unterbrechungen durch Verwundungen und Genesungszeiten - gleichermaßen Vormarsch und Rückzug mitgemacht hatte.

Landser waren „in Uniform gesteckte Zivilisten", die ihre vaterländische Pflicht erfüllten. Landser war der Oberbegriff für das namenlose Heer der Befehlsempfänger und Marschierer.

Auf dem Wege zum Sieg waren wir Landser im allgemeinen *unsere tapferen Soldaten, treue Seelen, fabelhafte Jungs, geradlinige, einfache Menschen und unsere braven Grenadiere.*

Während der Rückzüge wurden Landser gelegentlich zu *begriffs-stutzigen Trotteln*, in Gefangenschaft geriet auch viel *feiges Pack*, und Überläufer waren *rotes Gesindel*.

Die bedeutendste Persönlichkeit meiner Frontjahre war Alfred Ei-del. Er war mein Kompaniechef und ein Tapferkeitsoffizier. 1942 erhielt er an der Oka das Ritterkreuz. Unter seinem Kommando er-lebte ich Situationen unvorstellbarer Kameradschaft. Da stand einer für den anderen und jeder für jeden. Sich freiwillig für Stoßtrupps zu melden, entsprang einer Haltung sportlichen Ehrgeizes. Zum „echten" Landser gehörten Tapferkeitsauszeichnungen oder Ver-wundetenabzeichen. Selbstlosigkeit und Verlässlichkeit begleiteten mich auch in die Entscheidungsschlacht um Kursk, an der ich 1943 im Orelbogen teilnahm.

Alfred Eidel ist 1944 als Träger des Ritterkreuzes mit Eichenlaub im Range eines Obersten gefallen. Er starb mit 34 Jahren.

Ich habe als Infanterist zwischen meinem 18. und 23. Lebensj-ahr mehr Höhen und Tiefen erlebt als manch Achtzigjähriger.

Nach dem Krieg hat es mich an den Volkstrauertagen oft zu den Kriegerdenkmälern und Gedenkstätten hingezogen. Ich stand vor ihnen und dachte, dass die Kriegstoten, „wenn sie überlebt hätten", ihre Geschichte erzählt haben würden. Ein Denkmal ist ein Mahnmal. Ein Appell an unsere Gefühle, nicht zu vergessen. Denn jeder Name, der auf diesen Steinen zu lesen ist, verkörpert ein eigenes Schicksal.

Das gilt auch für die Gefallenen und Kriegsteilnehmer des Ersten Weltkrieges, die, wie der Großvater Rinaldo Klemm und mein Vater, die grässlichen Grabenkämpfe am Hartmannsweilerkopf und - als grausamste Perversion - die Leichenberge der mörderischen Materialschlachten um Verdun miterlebt hatten. Die eingemeißelten Namen erschienen mir wie eine Aufforderung an uns, die Davongekommenen, stellvertretend eine Wortmeldung abzugeben, damit sich das Kriegsbild nicht schon in der nächsten Generation verharmlost. Denn das ist nicht einfach alles so passiert, nein, das haben Menschen mit ihrem Denken und Handeln bewirkt. Der Zweite Weltkrieg hat mehr als 50 Millionen Menschenleben gefordert. Unter ihnen befanden sich etwa 6 Millionen auf deutscher und 20 Millionen auf sowjetischer Seite. Dem nazistischen Rassenwahn fielen annähernd 6 Millionen europäische Juden verschiedener Nationalitäten zum Opfer.

Zu den Hauptverantwortlichen zählten die Generäle. Wie die politischen Urheber des Krieges waren auch die Generäle Verächter der Weimarer Republik. Über die militärische Durchsetzung nationalstaatlicher Interessen ließ sich persönlicher Ehrgeiz befriedigen. In der preußischen Tradition bedingungslosen Gehorsams erzogen, durch den Eid auf den „Führer" eingeschworen, folgten sie seinen Befehlen noch in der Schlacht um Berlin. Den Zerfall ihrer Frontabschnitte vor Augen, befahlen sie unsinnige Gegenstöße. Sie trieben ihre Soldaten in Gefechte, die nicht mehr zu gewinnen waren. Die Strategen am Kartentisch blieben bis zuletzt bei ihren Sandkastenspielen. Der Tod um sie herum konnte sie nicht beeindrucken. Der Soldat war für sie nur ein Staubkorn; nichts als tote Materie!

Der Kadavergehorsam deutscher Generäle gegenüber dem Starrsinn des Oberbefehlshabers Adolf Hitler kostete zuletzt noch vor Berlin Tausenden jungen Menschen das Leben.

Die Generationen des Zweiten Weltkrieges sind an der Reihe, von der Weltbühne abzutreten. Von den Erlebnissen jener Zeit haben sie sich nie völlig lösen können. Viele von uns sind dazu verurteilt, bis an ihr Lebensende über die Kriegsjahre nachzudenken.

Die Wahrheit ist
zuerst
wollte ich ein Held sein
zuletzt
auch im elendigsten Moment
nur noch überleben

Diese Zeilen schrieb ich in Dankbarkeit für jene, die damals um mich bangten und denen ich in Sehnsucht verbunden war: meine Frau, meine Eltern, meine Schwester.

Zur Erinnerung an vierzehn gefallene Mitschüler.

Zum Gedenken an meinen Freund Werner Hartmann und die toten Frontkameraden: Herbert Debald, Jochen Dietrich, Hardy Blum, Rolf Fetzer, Bubi Kraus, Helmut Karl, Heinz Wenzel, Alfred Eidel und Jürgen Roth.

Zur Mahnung an die nachfolgenden Generationen.

Abschied

Die Zeit lässt sich nicht anhalten. „Bitte nicht wieder auf dem Bahnhof", hatte Annlie gesagt. Sie sprach mir aus dem Herzen. Nicht wieder endlose Blicke in tränenverhangene Augen. Nicht das Loslassenmüssen verklammerter Hände. Und nie wieder die quälenden Warteminuten und das stumme Nebeneinander, bevor sich der Zug endlich in Bewegung setzt.

Zu Hause war es nicht einfacher gewesen. Fest aneinandergepresst spürten wir den Schmerz. Ich hörte das leise Schluchzen hinter der Tür und wollte es nicht noch schlimmer machen. Nach der letzten Umarmung vor der Haustür noch einmal umdrehen und winken. Schnell um die Ecke biegen und zum Taschentuch greifen. Der Abschied lag hinter mir.

Nebel. Gelbe Schwaden wogten durch die Straßen. Was die vor der Stadt angesiedelten Chemiewerke, Rüstungsbetriebe und Braunkohlenzechen in den Himmel abließen, vermischte sich zu einem penetranten Gestank.

Der Leipziger Hauptbahnhof wirkt mit seiner gewaltigen Fassade wie ein klotziges Monument. Wer in dieser Stadt geboren wurde oder in ihr lebt, bleibt diesem historischen Denkmal zeitlebens auf individuelle Weise verbunden. Jeder Leipziger erinnert sich an Abreisen und Ankünfte auf einem der sechsundzwanzig nebeneinanderliegenden

Bahngleise. 1914, als mein Vater an die französische Front verladen wurde, war bereits die linke Bahnhofsgaststätte fertiggestellt und in Betrieb genommen worden. Während beider Weltkriege hat man seither von hier aus unzählige soldatische Heerscharen an viele Kriegsschauplätze abtransportiert.

Der Leipziger Hauptbahnhof 1944

Die Reichsbahn hatte mit Wirkung vom 24. Januar 1945 den Verkehr aller D- und E-Züge endgültig eingestellt. Im überfüllten Personenzug nach Dresden war deshalb kein Sitzplatz zu bekommen. Es dauerte seine Zeit, bis die Wagen bedächtig aus dem Bahnhof zuckelten.

Auf den Tag genau zwei Jahre vorher war ich zum Fronteinsatz in einen nach Orel[1] fahrenden Güterwagen verstaut worden.

Es schien, als sei der letzte Januartag für mich schicksalhaft. Militärisch korrekt hieß es in meinen Fahrtpapieren: „Der Gefreite Werner Kleine wurde am 31. Januar 1945 zu seinem Ersatztruppenteil nach Bautzen in Marsch gesetzt." Ein Lungenschuss, den ich am 1. Mai 1944 vor Witebsk bekam, hatte mich fünf Monate vor der Front bewahrt. Die geruhsame Zeit in einer Landesschützen-Einheit war nun vorüber. Die Bewachung englischer und französischer Kriegsgefangener hatte viel Zeit für das Privatleben belassen.

Die schönsten und wichtigsten Ereignisse jenes Zeitabschnittes waren meine Verlobung mit Anneliese Guth am 7. September 1944, der am 6. Januar 1945 rasch die Hochzeit folgte. Für den eilig anberaumten Termin sprach vieles. Annelieses bereits avisierte Einberufung als „Wehrmachtshelferin" konnte verzögert werden, und für mich gab es sieben Tage Heiratsurlaub. Hinzu kam zur Bewirtung von Gästen das sogenannte Führerpaket, das Kaffee und Lebensmittel-Raritäten enthielt.

Trübe Gedanken überfielen mich, während der Zug ratternd in seiner Schiene stampfte und an den Fenstern die gespenstische Ruinenlandschaft der Vororte vorbeihuschte.

Zurückgeblieben war, was mir am Herzen lag. Neben Annlie, meiner attraktiven Frau, meine Mutter und meine Schwester Uschi. Vater war 1944, im einundfünfzigsten Lebensjahr, wieder einberufen worden. Sehr nahe standen mir auch meine Schwiegereltern und deren zweite Tochter Ursula.

---

1 *Diese Schreibweise der russischen Stadt an der Oka hat sich seit dem Zweiten Weltkrieg in Deutschland weitgehend eingebürgert; die richtige Transkription lautet jedoch Orjol.*

Im Vergleich zu meiner letzten Reise von Leipzig nach Bautzen hatte sich aber nicht nur mein Familienstand geändert, sondern gravierend auch die Entfernung zur Front.

Damals, am 28. Februar 1944, lag meine Kampfeinheit, das zur 56. Infanteriedivision gehörende Regiment 171, südlich der Stadt Witebsk noch weit in Russland. Heute war die militärische Lage im Osten entschieden bedrohlicher. Seit Beginn ihrer Großoffensive am 12. Januar hatten die Sowjets Warschau überrollt und bereits zehn Tage später Insterburg und Allenstein erobert. In Ostpreußen waren die deutschen Truppen abgeschnitten. Knapp hieß es in der Verlautbarung des gestrigen Wehrmachtsberichtes: Sowjetische Truppen dringen in Pommern ein. Und während dieser Bahnfahrt sickerte durch, dass Königsberg von sowjetischen Verbänden eingeschlossen wurde. Für die Deutschen war die Front nicht mehr imaginär. Beim Umsteigen in Dresden waren große Plakate mit Durchhalteparolen und Erschießungsdrohungen gegen Deserteure nicht zu übersehen. Über Lautsprecheranlagen wurde die Wende des Krieges durch den kurz bevorstehenden Einsatz von „Wunderwaffen" angekündigt. Der „Endsieg" sei greifbar nahe. Im Abteil wurde von geheimnisvollen Todesstrahlen mit vernichtender Wirkung für alle Lebewesen gesprochen. Niemand schien es ernst zu nehmen. Ich war fest entschlossen, auch die letzte Phase des Krieges zu überleben.

Bautzen

Die ostsächsische Stadt empfing mich unfreundlich. Feldgendarmen, im Landserjargon „Kettenhunde" genannt, machten Razzia auf Fahnenflüchtige. Zwei Männer in Zivilsachen wurden mit Knüppelschlägen und Fußtritten traktiert und in Fesseln aus dem Bahnhofsgelände geführt.

In der Kaserne angekommen, meldete ich mich bei Hauptfeldwebel Müller. Er befand sich in einem Raum voller Tabakschwaden, in dem selbst sein Schreibtisch keine festen Konturen mehr hatte. Im positiven Sinn vertrat Müller den militärischen Imperativ: Befehl und Gehorsam, Pflichttreue und Kameradschaft. Hunderte von Ab- und Neuzugängen hatten seinem phänomenalen Personengedächtnis nichts anzuhaben vermocht. Er erkannte mich sofort: „Ihnen scheint es ja bei uns zu gefallen", begrüßte er mich mit einem Anflug von Spott. Der Qualm im Raum schluckte das Ritual der Ehrenbezeigung, so dass ich mir das Hochreißen des rechten Armes zum „Führergruß" ersparte. Die nach dem misslungenen Attentat auf den „größten Feldherrn aller Zeiten" erfolgte Abschaffung des traditionellen Militärgrußes (Anlegen rechten Hand an die Mütze) musste den Portepeeträger Müller tief in seiner Berufsehre getroffen haben.

„Gefreiter Kleine meldet sich beim Ersatztruppenteil zurück!" Der straffe Meldeton hat ihm sicher gefallen. Humorvoll, organisationsbegabt und korrekt, ein verständnisvoller Vorgesetzter, war dieser Mann als Spieß die ideale Besetzung. Zu Hauptfeldwebel Müller konnte man auch mit seinen persönlichen Problemen kommen.

Mich erwartete der übliche Ablauf. Anmeldung beim Schreibstubenbullen und Zuteilung einer Stube mit Neuzugängen. An das stupide Kasernengebrüll („Kompanie aufstehen!"), die Trillerpfeife und das Nachfassgeschrei des U. v. D. („Aufwachen, raus, bewegt euch!") hatte man sich erst wieder zu gewöhnen. Es klingt einfacher, als es ist, aber ich war zu keinem Zeitpunkt bereit, mit der üblichen militärischen Dressur auch meine Persönlichkeit im Kasernenhof abzugeben.

Das bewährte organisatorische Schema, nach dem ein Soldatenleben im Krieg ablief, kannte ich aus eigenem Erleben schon recht gut: Ausbildung, Fronteinsatz, Verwundung, Lazarett, Ersatztruppenteil, Genesungsurlaub, Verwundeten-Sammelstelle Hoyerswerda. Ärztliche Begutachtung zwecks Feststellung des Tauglichkeitsgrades. *Kriegsverwendungsfähig* bedeutete Abstellung zu einer Marscheinheit mit anschließender Verladung zum Fronteinsatz. *Garnisonsverwendungsfähig/Heimat* versprach für begrenzte Dauer ruhigen Dienst bei einem Landesschützen-Bataillon. *Dienstunfähig* war gleichbedeutend mit Entlassung vom Wehrdienst und gelang allenfalls bei Vorzeigen des Kopfes unter dem Arm.

dass ich nach jeder Verwundung zur Gefangenenbewachung nach Leipzig abgestellt wurde, verdankte ich hier in Bautzen meinem hilfsbereiten Lehrer Paul Flämig. Als Major und stellvertretender Kommandeur eines Lagers in Hoyerswerda, in dem 5000 kriegsgefangene französische Offiziere einsaßen, kannte er die Ärzte der Sammelstelle von gemeinsamen Kasino-Abenden. Da gab es keine Probleme, meine Heimatwünsche zu erfüllen. Hauptfeldwebel Müller kannte mich seit den Kämpfen um Bolchow im Juli 1942. Damals war er Zugführer und ich Richtschütze eines schweren Maschinengewehres (SMG). Deshalb gewährte er mir eine gewisse Narrenfreiheit. Sie erleichterte meinen Entschluss, am Dienstbetrieb nicht mehr teilzunehmen.

Das Kasernenleben hatte sich kaum verändert: Aufstehen, Frühsport, Antreten, Exerzieren, Gefechtsübungen. Geblieben war der vertraute Geruch von Bohnerwachs in den Stuben und auf den Korridoren. Verschwunden, das heißt aufgelöst und zum Fronteinsatz gebracht, das Musikkorps. Auf dessen Tschingderassabum konnte leicht verzichtet werden.

Hauptfeldwebel Müller drückte den Rücken durch, so dass seine Orden wippten und das Goldene Verwundetenabzeichen funkelte. Sein Ton war zackig: „Funktionsträger weggetreten!" Zu meiner Überraschung winkte er mir zu, mit den anderen loszurennen, als gehöre ich zu deren Haufen. So gewährt man einem Frontkameraden Freiheit. Klappte alles wie aus einem Lehrbuch für Landser. Hätte es eine Connection für Mannschaftsdienstgrade gegeben, Müller mit seiner herzlichen Ruppigkeit hätte zu deren Förderern gezählt.

Mit der grünen Dauerkarte „Botengänger zum Justizgebäude" nun das Kasernentor passieren und hoffen, dass der Ausweis noch gültig ist. Nach einem flüchtigen Blick erfolgte die befreiende Handbewegung des Postens. Draußen sofort in Deckung gehen, weil die Marschkompanie im Gleichschritt mit dem Absingen von „Die blauen Dragoner, sie reiten mit klingendem Spiel durch das Tor" zum Übungsgelände ausrückt. Wachsam sein gegenüber Militärstreifen und gut aufpassen, dass man Bekannten von früher aus dem Wege geht, weil auch gutgemeinte Fragen den Rechtfertigungsnotstand auslösen könnten. Auffallen durfte ich trotz der Wohlgesonnenheit des Hauptfeldwebels nicht, weil sonst Rolf KLAUS als mein Helfer enttarnt worden wäre. Ihm, der in Döbeln mein Rekrutenkamerad war, der 1942 vor Orel eine Oberschenkelamputation erlitt, verdankte ich die Botengänger-Dauerkarte. Sein angenehmer Verwaltungsposten durfte auf keinen Fall gefährdet werden.

In der Altstadt Bautzens gab es einige Lokale, die tagsüber öffneten und an die ich mich gern erinnerte. Im „Wallenstein" war ich Stammgast. Dort hatte ich zu den auserwählten Gästen gezählt, denen Karpfen vorgesetzt wurde. Oft hatte ich in dieser gemütlichen Gaststätte die Dienstzeit beim Bier „ausgesessen". Diesmal war alles anders. Der sympathische Wirt war inzwischen wegen „defaitistischer Äußerungen" von der Gestapo abgeholt worden, und seine Frau zeigte sich ängstlich, peinliche Fragen beantworten zu müssen, falls man mich bei ihr anträfe. Die anderen Restaurants öffneten nur noch gelegentlich.

Die Vergangenheit holte mich vor dem Postamt ein. Leutnant Troitsch zeigte sich über das Wiedersehen erfreut: „Der Kammerjäger! - Kleine, was machen Sie denn hier?" fragte er gut gelaunt. „Gratuliere zum Leutnant", antwortete ich ausweichend.

Herbert Troitsch war 28 Jahre alt, Familienvater und hauptamtlicher Parteifunktionär. Als Kreisleiter der Stadt Torgau wäre er nicht einberufen worden. Troitsch hatte es als seine Pflicht angesehen, sich freiwillig zu melden, um ein Beispiel zu geben, „dem Volke zu dienen und allezeit bereit zu sein, das Leben für Großdeutschland zu opfern". Für ihn gab es keinen Zweifel, dass „in dieser großen geschichtlichen Stunde" jeder echte Deutsche seine Individualität gegen eine Uniform zu tauschen habe. Während der Stellungskämpfe um Orel im Mai 1942 war Troitsch mein unmittelbarer Vorgesetzter.

Er hatte es eilig und verabschiedete sich mit der Einladung, ihn nach dem Endsieg in Torgau zu besuchen.

*

Dr. Friedrich war ein pensionierter Landgerichtsrat. Die Abschnitte seines Lebens teilte er nach Prozessen ein, in denen prominente Personen oder bemerkenswerte Sachverhalte eine Rolle gespielt hatten.

Friedrichs waren Freunde meiner Schwiegereltern, die als „Ausgebombte" bei Verwandten in Bautzen Zuflucht gefunden hatten. Nach herzlicher Begrüßung wurde ich über die aktuellen „Feindnachrichten" informiert. Angeblich müsste Belgien von den deutschen Truppen aufgegeben werden. Auch in Frankreich befänden sie sich auf einem chaotisch verlaufenden Rückzug. Friedrichs befürchteten, dass Bautzen in absehbarer Zeit zur Festung erklärt würde, wodurch ihnen die Rückkehr nach Leipzig versperrt bliebe. Hinter der Maßnahme, Städte zu Festungen auszurufen, stand der Gedanke, sie uneinnehmbar zu machen und als Militärstützpunkte im besetzten Gebiet zu belassen, bis ihre Befreiung erfolgen könnte. Mit der Errichtung von Straßensperren und dem Aushub von Gräben sei an den Stadtgrenzen bereits begonnen worden.

Am 3. Februar warfen die Alliierten über Berlin 3000t Sprengbomben ab. Radio London verbreitete die Nachricht, dass die Stadt Colmar von französischen Truppen erobert worden sei. Während der ersten Februarwoche half ich Friedrichs bei den Vorbereitungen für ihre Rückkehr nach Leipzig. Drei eisenbeschlagene große Truhen sollten zusammen mit auszulagernden Akten per Kurierdienst vom Amtsgericht Bautzen nach Leipzig überführt werden.

Das Risiko, außerhalb der Kaserne aufgegriffen zu werden, wuchs von Tag zu Tag. Deshalb riet Dr. Friedrich dringend davon ab, in den Militärkomplex zurückzukehren. In einem nahegelegenen Anwesen sollte ich mich versteckt halten. Mit Lebensmitteln würde man mich versorgen, und ein Fahrrad, mit dem ich notfalls in den Wäldern der Lausitz verschwinden könnte, stünde dafür stets in der Gartenlaube bereit.

*

Die Kantkaserne war in den dreißiger Jahren errichtet worden und erfüllte alle Ansprüche, die im Ausbildungsbereich an einen modern ausgerüsteten Infanterietruppenteil gestellt wurden. Auf den ersten Blick hatte sich das Leben hier kaum verändert. Nach wie vor schallten Exerzierkommandos über den Hof, mussten „Kotzbrocken" zur Räson gebracht und Neuzugänge unterrichtet werden, mit Waffen sachgemäß umzugehen. dass etwas Außergewöhnliches bevorstand, war an der Unruhe abzulesen, die Offiziere, Unteroffiziere und Mannschaften gleichermaßen erfasst hatte. Die Front ließ sich mit ein paar Fußmärschen erreichen.

War das Kasernendasein vor einem Jahr noch von gutausgebildeten jungen Männern geprägt worden, so herrschte nun ein Generationsgemisch aus zusammengewürfelten Einheiten vor.

Der Typ des drahtigen Haudegens, der den Fronteinsatz als Herausforderung und Bewährung ansah, war selten auszumachen. Zu besonders zackigen Offizieren, die als Draufgänger maskulines Heldentum verstrahlten, gingen auch höhere Ränge auf Distanz. Das Flair von Tollkühnheit war nicht mehr gefragt. Prothesenträger aller Dienstgrade bewältigten ihre Aufgaben nun mit mehr Routine und verminderter Schwungkraft.

Der hohe Verschleiß jüngerer Männer hatte ältere Jahrgänge in vakante Positionen nachrücken lassen. Ehemalige Reserveoffiziere wurden aktiviert. Uralte Leutnants wirkten befremdlich. Unteroffiziersdienstgrade, die auf die vierzig zugingen und von den Landsern nachsichtig als „Opas" bezeichnet wurden,-pflegten ihre Leiden. Uniformierte Fünfzigjährige wurden als „alte Knochen" eingestuft, und folgerichtig waren haltungsgeschädigte Männer über sechzig „Scheintodknochen" oder „Knochen auf Abruf". Den Teilnehmern des Ersten Weltkrieges begegnete man mit Respekt. Generalfeldmarschall von Rundstedt, von 1942 bis 1945 Oberbefehlshaber der Westfront, befand sich zu diesem Zeitpunkt im 71. Lebensjahr. Den deutschen Soldaten des Endkampfes umfassten alle Altersstufen ab 16 Jahre.

Kant Kaserne

Im Krankenrevier herrschten indisziplinierte Zustände. Die über-
füllte Bettenstation konnte das letzte Aufgebot unausgeheilter Verwundeter nicht mehr aufnehmen. Dem jungen Truppenarzt fehlte
es neben Medikamenten vor allem an Menschenkenntnis.

Nie wäre er auf den Gedanken gekommen, dass die vor seinem
Wartezimmer täglich anwachsenden Patientenschlangen im Zusammenhang mit seinem Sanitätsgefreiten Naumann stehen könnten.
Wie ein Lauffeuer hatte sich dessen Schlachtruf verbreitet, der As-
sistenzarzt könne Simulanten nicht von Kranken unterscheiden.
Naumann hoffte, durch einen hohen Krankenstand bei der bevorstehenden Räumung der Kaserne in das unabkömmliche Stamm-
personal abtauchen zu können.

Der Sanitätsgefreite gab deshalb gern Hilfestellung beim Fieber-
messen. Sich das Thermometer in Bereiche um 39 Grad hochreiben
zu lassen, war den meisten zwei Schachteln Zigaretten wert.

*

Die Ostfront schob sich täglich näher an die Oder-Neiße-Linie heran. Somit wuchs auch die Gefahr, dass ich außerhalb der Kaserne als „Fahnenflüchtiger" aufgegriffen würde. Ich hielt deshalb eine Krankschreibung für den besten Weg, um die Wiedereingliederung in den normalen Dienstbetrieb möglichst unauffällig zu bewerkstelligen. Das Attest erhielt ich nach flüchtiger Untersuchung wegen „akuter Atembeschwerden nach Lungenschuss".

Als am nächtlichen Himmel des 13. Februar plötzlich Fluggeräusche zu hören waren, herrschte zunächst Ratlosigkeit. Einige glaubten, bei den unsichtbaren Formationen über unseren Köpfen handele es sich um den pausenlos angekündigten Einsatz der „Wunderwaffen". Andere vermuteten deutsche Aufklärer. Das Aufheulen der Luftschutzsirenen gab nur Aufschluss über die feindliche Herkunft, nicht aber über die Dimension dieser Geschwader. In Erwartung aufsteigender Leuchtspurketten und einschlagender Bomben stürzten wir in die Luftschutzräume.

Das heisere Bellen der Bodenabwehr war nur vereinzelt zu vernehmen, und es schien, als dürften gewisse Schamfristen nicht außer acht gelassen werden. Ein kontinuierlich anschwellendes Dröhnen beherrschte alle Gedanken und Empfindungen.

Etwas Entscheidendes aber war anders als bei den Luftangriffen, die ich am 4. Dezember 1943 und am 20. Februar 1944 in Leipzig miterlebt hatte: Es waren weder Detonationen zu hören, noch konnte man die Verwandlung von Sprengsätzen in farbige Lichtgeister und sich auflösende Funkenspiele beobachten.

Die Stadt Bautzen schien von der sie überfliegenden größten Luft-Armada, die es bis dahin in der Kriegsgeschichte gab, verschont zu werden. Denn deren Bomben waren dazu ausersehen, in den Straßen und Häusern der Stadt Dresden zu explodieren und deren kulturellen Stadtkern zu vernichten.

Bautzen

Ein leichtes Beben der Erde veranlasste uns, die Keller zu verlassen. Der Feuersturm wurde wie ein Abendrot an den Himmel über Sachsens Hauptstadt geworfen, und man meinte, ein fernes, häufig von Paukenschlägen unterbrochenes Trommeln zu vernehmen.

Die unendlichen Flugkolonnen der mehr als eintausend heimkehrenden britischen und kanadischen Lancaster-Bomber ließen uns unruhig nach Schlaf suchen.

Ich dachte an die Aprilwochen des Jahres 1942, in denen ich in Begleitung einer geliebten Frau die Prachtbauten und einzigartigen Kunstwerke dieser Stadt kennengelernt hatte. Sonia Warin war eine im Lager lebende und zur „Fremdarbeit verpflichtete" Französin mit begrenzten Ausgangsmöglichkeiten.

Und ich erinnerte mich der Abschiedsminuten des 2. Mai auf dem Neustädter Bahnhof. Durch das Fenster nahmen wir uns an den Händen und umklammerten uns, bevor sich der Transportzug nach Orel in Bewegung setzte. Bis zum Ende des Bahnsteigs lief Sonja dann winkend und weinend neben mir her. Dann war sie weg. Ebenso plötzlich wie sie in meinem Leben auftauchte, war sie daraus verschwunden.

Wenige Wochen später, nach Ablauf ihrer Zwangsverpflichtung, durfte sie aus Dresden abreisen und nach Paris zurückkehren.

Die zweite Angriffswelle der Bomber überflog die verdunkelte Stadt Bautzen gegen 1:00 Uhr nachts. Da sie die gleiche Ungewissheit auslöste, liefen wir mit den Feldspaten ins Freie und versuchten uns einzugraben. Unbehelligt von deutscher Luftabwehr folgten die Geschwader der dritten Angriffswelle gegen Mittag des 14. Februar einer südlicheren Flugbahn. Sie vernichtete, was von der einstigen „Perle Europas" noch übriggeblieben war.

Das „Einsatzkommando Stadtverteidigung" zeichnete verantwortlich für den Bau von Gefechtsständen, Grabensystemen und die Errichtung von Straßensperren. Die Vorbereitungen, Bautzen uneinnehmbar zu machen, kamen schleppend voran, weil die für Bodenarbeiten dringend benötigten Geräte unzureichend zur Verfügung standen. Durch das Einbringen von Sprengladungen in die Spreebrücken hatten bisher nur die Pioniere ihre Aufgaben zuverlässig erfüllt. Einige Tage wurde ich im Stadtzentrum beim Bau von Granatwerferstellungen eingesetzt. Vor dem Nicolaifriedhof arbeiteten wir vier Tage an der Tarnung von Maschinengewehrnestern, für deren Fertigstellung vier Stunden ausgereicht hätten.

Die Ausschachtungen an der Friedhofsmauer weckten Erinnerungen an jenes Mädchen, das mir nicht nur die Bischofsgräber gezeigt und erklärt hatte, sondern dem ich auch alles Wissen über die Geschichte und Schönheit dieser Stadt verdankte.

Das war vor zwei Jahren und schien eine Ewigkeit zurückzuliegen. 1943 war die Lausitz noch kaum vom Krieg berührt. In den Städten gab es keine Zerstörungen, und sah man von der Verdunklung ab, verlief das Leben fast normal. Uniformen bestimmten die Straßenbilder. „Abgänge" aus den Garnisonen, die in Russland den Tod fanden, blieben von der Öffentlichkeit unbemerkt.

Margarete Suchy war ein „Fräulein vom Amt". Ihre Nummer blieb sofort in meinem Gedächtnis, als diese dunkle Stimme mit kontrollierter Freundlichkeit das Wort „Vermittlung" aussprach. Meine Bitte um Preisgabe ihres Namens wehrte sie geduldig mit dem Hinweis auf ein amtliches Verbot ab. Es sei allen Damen der Telefonvermittlung strikt untersagt, Einladungen anzunehmen. Wann und wo ich sie ansprechen könnte, verriet mir eine Kollegin. Sie sei eine dunkelhaarige Sorbin und trage ein rotes Kopftuch. Es waren ihre schalkhaften Blicke und die außergewöhnliche Spontaneität, die mich gleich bei der ersten Begegnung zu ihr hinzogen. Und es tat gut, von den Kameraden um diese aparte Erscheinung beneidet zu werden. Nicht zu überhören, dass eine, „die vermutlich vom Balkan abstammte und wie eine Zigeunerin aussah", eigentlich froh sein musste, einen deutschen Soldaten gefunden zu haben.

Uns bleiben nur 8 Wochen. Wegen dieser Liebe habe ich mich überwunden, zehn Turmbauten zu besteigen, um die phantastische Aussicht auf die Stadt und ihre Umgebung zu erleben. Hand in Hand haben wir den Blick vom Proitschenberg auf die alte Burganlage genossen. Eng umschlungen sind wir die Gassen entlang der Stadtbefestigung gegangen und den holprigen Weg hinunter zur Spree, als es auf dem Fluss schon dunkel war. Es war sehr spät, als wir mit dem Kahn wieder anlegten. Der Bootsverleiher hatte sich um uns bereits geängstigt, und Marga musste die Vorwürfe ihrer

Mutter fürchten. „Schön war's", sagte sie zum Abschied, und das hatte sie mir auch nachgerufen, als wir uns nach einem „Bernhard-Ette-Konzert" verabschieden mussten.

Frau Suchy, die ihre Tochter Anna-Margarete nannte, war nicht nur eine strenggläubige Katholikin, sondern auch eine warmherzige Frau. Von ihrem Mann hatte sie seit Monaten keine Feldpost mehr erhalten. Sie übte keinen religiösen Einfluss auf ihre Tochter aus; ein evangelischer Schwiegersohn hätte ihre Vorstellungskraft aber überfordert. Von Frau Suchy erfuhr ich, dass der Petridom in dessen unmittelbarer Nähe sie aufgewachsen war, seit der Reformation bis in die Gegenwart die einzige Simultankirche Ostdeutschlands blieb, die aufgrund eines Kirchenvertrages gemeinsam von katholischen und evangelischen Christen genutzt wird.

Silvester 1942 habe ich mit Margarete Suchy in dem nur der katholischen Gemeinde vorbehaltenen Chorraum des Petridoms die Mitternachtsmesse besucht. In der Bank kniete sie nieder und senkte den Kopf auf die Hände. Irgendwie abwesend, gab sie mir ein Gesangbuch und zeigte auf einen Psalm. Marga saß neben mir: betend, entrückt, in tiefer Frömmigkeit. Ich scheute mich, sie anzusehen. Es war, als würde man einen Blick auf etwas Verbotenes werfen. Sie war mir plötzlich sehr fremd, aber ihre Unnahbarkeit machte mich ergriffen. Das leise Spiel der Orgel wirkte beruhigend. Es unterstrich die feierliche Atmosphäre. Draußen empfing uns Schneefall. Übermütig, wie aller Schwermut entronnen, bewarfen wir uns mit Schneebällen. An einem Mauervorsprung der Stadtmauer, der von einem flackernden Kandelaber mühselig erhellt wurde, blieb Marga zurück und begann einen Schneemann zu bauen. Sie war plötzlich verändert und wehrte meine Hilfe ab. „Ich will das alleine machen, das soll mein Schneemann sein", sagte sie leise, und alle Unbekümmertheit war von ihr abgefallen. „Deinen Schneemann vergesse ich ebensowenig wie diese wundervolle Silvesternacht", war ich fest überzeugt. Sie nahm mein Gesicht in ihre Hände: „Du musst in den Krieg. Mein Schneemann wird schmelzen wie unsere Liebe!"

32

Vorbei an den Basteien und Türmen gingen wir hinunter zur Altstadt. Die Schneeflocken des 1. Januar 1943 verzauberten unsere Gefühlsseligkeit in Abschiedsgedanken, die Worte nicht mehr aufkommen ließen. Vielleicht lag es auch an der Ausstrahlung dieser mittelalterlich anmutenden Stadt, dass Liebe romantischer nicht sein konnte. Mir schien es, als sei ich durch dieses zauberhafte Mädchen für alles, was ich in Russland erlitten hatte, auf wunderbare Weise belohnt worden. Margarete Suchy hat einen kurzen, aber unvergesslichen Eintrag im Buch meines Lebens hinterlassen.

*

Am 5. März 1945 wurde der Jahrgang 1929 zum Volkssturm einberufen. Am 6. März überquerten amerikanische Panzerverbände die Ludendorff-Brücke bei Remagen und bildeten einen Brückenkopf. Die Diskussionen darüber lösten große Sorgen um meine Angehörigen aus. Da Privatgespräche nicht vermittelt werden durften, hatte ich seit meiner Abreise aus Leipzig nichts mehr von ihnen gehört.

Bei der Rückeroberung der niederschlesischen Stadt Lauban wurden schreckliche Gräueltaten sowjetischer Soldaten entdeckt. Deutsche Frauen waren massenhaft vergewaltigt und viele Männer mit grausamen Verstümmelungen vorgefunden worden. Hier war nicht die „russische Soldateska" nazistischer Untermenschenpropaganda am Werk gewesen, sondern es hatte eines jener Massaker stattgefunden, die Menschen in Monster verwandeln, weil Kriege die primitivsten Instinkte entfesseln.

Den Ängsten der Frauen, die uns Kaffee zu den Baustellen brachten, konnte sich niemand entziehen. Wir machten ihnen Hoffnung, dass die Angloamerikaner noch vor den Russen in Bautzen sein würden. Diese Zuversicht gründete sich auf jene Teile der britischen Armee, die bereits am 15. Februar den Rhein erreicht hatten.

Das Straßenbild von Bautzen hatte sich seit Anfang März auffallend verändert. Täglich trafen größere Flüchtlingstrecks ein. Frauen aller Altersstufen wurden von Kindern und älteren Männern begleitet. Aus Furcht vor den Russen hatten sie Städte und Dörfer verlassen und nur die notwendigste Habe auf Pferdewagen verladen. Ihren Gesichtern war anzusehen, welche strapaziösen Gewaltmärsche hinter ihnen lagen. Eine „Festung Bautzen" würde auch diese Vertriebenen mit einer ungewissen Zukunft bedrohen.

Was unter der Bezeichnung „Volkssturm" in die Kasernen einrückte, war ohne Perspektive. Dieses aus Rentnern und aufgegriffenen Schülern bestehende allerletzte Aufgebot wurde durch die Kranken und Siechen der aufgelösten Genesungskompanien ergänzt. Die geringschätzige Beurteilung ihres Kampfwertes wurde mit dem desolaten Zustand und einem zu niedrigen Ausbildungsniveau der Truppe begründet. Makabre Szenen spielten sich beim Exerzieren ab: Reihe für Reihe standen sie nebeneinander, Jünglinge und Greise, und versuchten, lautstarke Kommandos auszuführen. Sie hörten: „Hinlegen - verdammt noch mal!" und „Auf, marsch, marsch!" Übten die Grußpflicht: „Schütze Dummfick bittet Herrn Unteroffizier vorbeigehen zu dürfen!" Versuchten, sich in den überlieferten Muff militärischer Drills einzufügen. Die rüden Kommandostimmen, das Fluchen der Ausbilder, wenn die rüstigen Veteranen des Ersten Weltkrieges durcheinanderpurzelten - das sah lustig aus, entbehrte aber jeder Komik.

Die Formalausbildung des Volkssturms wirkte geisterhaft. Ihre irreale Regie führte in den Tod. Die größeren Überlebenschancen besaß ja nicht, wer am zackigsten grüßen, sondern wer sich blitzschnell eingraben konnte.

*

Die Gerüchteküche brodelte. Es hieß, wir würden in die zur Verteidigung der Reichshauptstadt errichteten Auffangstellungen zurückgezogen. Eine andere „gängige Latrine" besagte, dass die Amerikaner, um Westeuropa vor dem Kommunismus zu bewahren, gemeinsam mit uns Deutschen den Kampf gegen die Sowjetunion fortführen würden. Die Kaserne durfte ab sofort nicht mehr von Einzelpersonen, sondern nur noch gegen Vorlage von Sondergenehmigungen in geschlossenen Einheiten unter Begleitung von Offizieren verlassen werden. Der „Kehraus" stand unmittelbar bevor.

Der Abmarsch des Bataillons wurde für den 9. März verkündet. An diesem Tag beging Annlie ihren 23. Geburtstag. Der Befehl löste hektische Betriebsamkeit aus. Er schien das Gelände in einen Ameisenhaufen zu verwandeln. Es war, als hätte jemand plötzlich den grauen Schleier vom täglichen Einerlei weggezogen. In den Korridoren begleitete dröhnendes Stiefelgetrampel die Ausgabe von Waffen, Munition und Marschverpflegung. Als bekannt wurde, dass es diesmal auch jene erwischt hatte, denen es dank persönlicher Beziehungen über Jahre hinweg gelungen war, sich in der Kaserne festzusaugen, breitete sich Schadenfreude aus. Endlich waren diese „unabkömmlich" Gestellten selbst mit dran. Teilnahmslos hatten viele von ihnen mit angesehen, wie unzureichend ausgeheilte Verwundete zu ihren Fronteinheiten abgeschoben wurden.

Ausbilder, die im Hochgefühl von Rangabzeichen Untergebene wie Leibeigene behandelt und bis zum Umfallen drangsaliert hatten, mussten an der Front mit Racheakten rechnen. „Knochenschinder", die durch entwürdigende und brutale Bestrafung über das akzeptierte Maß harter Schikaneure hinausgegangen waren, durften sich auf eine Kugel von hinten gefasst machen. Gelegenheiten dazu boten sich viele. Eine wird in der Landsergeschichte über jenen Leutnant kolportiert, der den Anruf nach der Parole angeblich mit dem falschen Lösungswort beantwortete und sofort eiskalt niedergeschossen wurde. Wer alle „Parasiten der Heimatfront" an die Wand stellen wollte, sollte sich fragen, ob er an deren Stelle anders gehandelt hätte. Es galt zu differenzieren. Nicht jeder „Schreibstubenhengst" verdiente Missachtung.

Dass es diesmal ums nackte Leben gehen würde, befürchteten zu Recht nicht nur die Schleifer. Den Verlust der Reputation vermochten keine Rangabzeichen zu ersetzen. Wer an Stelle von „Infanterie-Sturmabzeichen" oder „Gefrierfleischorden" nur eine Schießschnur vorzuweisen hatte, war als Vorgesetzter abgetan. Und geringere Überlebenschancen als gestandene alte Fronthasen hatte, wer ohne Gefechtserfahrung in die Kampflinien einrücken musste. Denn diese Neuen würden da vorne zunächst nichts hören, nichts erkennen und nichts wissen. Nicht unterscheiden können, was da heranfaucht, heranheult oder heranpfeift. Nicht erkennen, ob es sich um Bomben, Granaten oder Geschosse sowjetischer Raketenwerfer (Stalinorgeln) handelt. Nicht wissen, in welche Richtung es zu laufen und in welcher Entfernung es sich niederzuwerfen galt, um dem Hagel detonierender Sprengkörper und deren Splitterwolken zu entgehen.

Zum Einmaleins des Durchkommens gehörte es, an den Geräuschen anfliegender Geschosse deren voraussichtliche Einschlagstellen zu orten. Denn der Mensch wird nicht geboren, um als „Kanonenfutter" zu verenden. Frontneulinge, die sich der Erkenntnis verweigerten, dass rechtzeitiges In-Deckung-Gehen den einzigen Sicherheitsspielraum bietet, blieben auf die Hilfe ihrer Schutzengel angewiesen. Las man aber in den täglichen Todesanzeigen, wie viele tiefgläubige Christen ihr Leben auf dem „Felde der Ehre" für Volk und Vaterland hingaben, stand zu befürchten, dass vor den grauenvollen Kriegsschauplätzen mit den Millionen toter Soldaten und Zivilisten auch deren Schutzengel entsetzt geflüchtet waren.

Fast konnten sie einem leid tun, die zur Front abkommandierten Chargierten, wie sie verunsichert auf dem Kasernenhof herumstanden, Zigaretten verschenkten und versuchten, sich auf ihre neue Rolle einzustellen. Sie würden es nicht leicht haben. Für manchen von ihnen würde es keine Zukunft geben. Vielleicht hatten sie das Glück, rasch auf andere Kampfeinheiten aufgeteilt zu werden. Denn ein Recht auf Fairness war auch diesen Soldaten zuzustehen.

Verabschiedung auf dem Kasernenhof. Zivilisten wurden abgeschoben. Das sei nur etwas für „gediente Leute". Auf den barschen
Nachfasswecker des Unteroffiziers vom Dienst konnte in Zukunft
verzichtet werden. Unsicherheit, vielleicht auch dunkle Vorahnungen über das eigene Schicksal war den zurückbleibenden Zahlmeis-
tern und Kompaniefeldwebeln anzumerken. Das galt auch für den
Gefreiten Naumann von der Sanitätsabteilung. Hauptfeldwebel
Müller verabschiedete seine Leute mit Handschlag. Mich nahm er
beiseite: „Wenn nicht ein Wunder geschieht, werden wir von den
Russen überrollt", lautete seine düstere Prophezeiung. „Pass auf und
stirb nicht noch den Heldentod!"

Das Bataillon war zum Abmarsch angetreten. Allen musste klar
sein, dass sie zum letzten Mal in solch einer Formation auf einem
deutschen Kasernenhof standen. Ein Oberstleutnant erinnerte uns
an die Verpflichtungen, die wir mit dem Fahneneid auf uns genommen hatten. Er fand kernige Worte für unseren Auftrag, deutsche
Frauen und Mütter unter Einsatz des Lebens vor dem asiatisch bol-
schewistischen Untermenschentum zu schützen.

„Männer, seid tapfere Soldaten und macht dem Vaterland
Ehre!"

Der Kommandeur straffte sich, erhob den Arm zum Führergruß
und trat vom Podest herunter.

„Ein Lied!" rief eine markige Stimme, als sich die Marschkolonne im Gleichschritt in Bewegung setzte. Wir sangen: „Es zittern die
morschen Knochen der Welt vor dem großen Krieg; wir haben den
Schrecken gebrochen, für uns war's ein großer Sieg. Wie werden
weiter marschieren, wenn alles in Scherben fällt, denn heute gehört
uns Deutschland - und morgen die ganze Welt."

Stellungskrieg an der Neiße

Görlitz glich einem Feldlager. Obdachlos gewordene Opfer von Luftangriffen versuchten, in den Zeltlagern der Vertriebenen notdürftige Aufnahme zu finden. Wir übernachteten in der Turnhalle einer Schule, die bei Beginn der sowjetischen Großoffensive als Notlazarett dienen sollte. Die Aufstellung neuer Kampftruppen zog sich über Stunden hin und erforderte unendliche Geduld. Aus verschiedenen Garnisonsstädten zusammengestellte Ersatzeinheiten konnten zumeist nur noch mit französischen und italienischen Beutewaffen ausgerüstet werden. Diesen Verbänden wurden auch die ehemaligen Bautzener Ausbilder und Innendienstleiter zugeteilt.

Der Görlitzer Bahnhof war mir vertraut als letzte deutsche Station vor der polnischen Hauptstadt Warschau. Auf ihren oft wochenlangen Fahrten zur Front durch Partisanengebiete hatten die Güterzüge der Reichsbahn hier noch einmal angehalten. Im Mai 1942, Januar 1943 und April 1944 hatte ich aus den geöffneten Türen der Viehwaggons wehmütige Abschiedsblicke auf diesen Bahnhof geworfen. „Auf Wiedersehen, Deutschland!"

Ein Zwischenaufenthalt würde es auch diesmal sein. Die Renaissance- und Barockhäuser der Altstadt, von denen Margarete Suchy geschwärmt hatte, würde ich nicht zu Gesicht bekommen.

Penzig, unser Marschziel, erreichten wir am 12. März. Die nördlich von Görlitz gelegene Kleinstadt - nach dem Potsdamer Abkommen von 1945 als Pietisk zu Polen gekommen - bot einen verhältnismäßig unzerstörten Anblick. Doch wirkte das Stadtbild auch ohne Spuren von Feindeinwirkung bedrückend.

Unübersehbar war das Elend der Flüchtlingstrecks. Die Evakuierung der Bevölkerung verzögerte sich, weil sich viele Flüchtlinge im Zustand totaler Erschöpfung weigerten, die ihnen zugewiesenen Unterkünfte zu verlassen. Unterstützung fanden sie bei der Kreis- und Ortsgruppenleitung der NSDAP, die in ihrer Verblendung davon überzeugt war, dass ein bevorstehender Einsatz unserer „Wunderwaffen" die Russen vom Angriff abhalten oder zum Rückzug zwingen würde.

Die Straßenzüge neben der Neiße waren geräumt, seit die Sowjets im Februar durch die ausgedehnten Wälder des Görlitzer Kommunalforstes bis an den Fluss vorgedrungen waren und bei Birkenfähre den ersten Brückenkopf gebildet hatten.

Wir wohnten in geräumten Häusern und konfiszierten, was wir an zurückgelassenen Lebensmitteln vorfanden. Neben eingemachtem Obst waren das zumeist nur Sirupgläser, die ordentlich aufgereiht in den Kellerregalen standen. Es gab Unmengen von Ratten. Im Nebenhaus befand sich eine Nutriazucht. Täglich erschien eine Frau, um die wertvollen Nager zu versorgen. Als ihr das Betreten der Gefahrenzone untersagt wurde, öffnete sie demonstrativ das Gehege und ließ die Tiere frei.

Der Stellungskrieg an der Neiße war zu diesem Zeitpunkt genau das, was der Landser „eine ruhige Kugel schieben" nennt. Wer die Freizeit dazu nutzte, die Stadt zu erkunden, fand dort eine bunt zusammengewürfelte Truppe verschiedener Waffengattungen vor. Aus der Heimatverteidigung herbeigeschaffte Flakbatterien waren teilweise mit Arbeitsdienstmännern besetzt. Anzutreffen waren Genesende aus Heer, Luftwaffe und Waffen-SS sowie Volkssturmangehörige verschiedener Altersstufen.

Von Kampfkraft konnte keine Rede sein, und die Lücken in Ausbildung und Bewaffnung degradierten diese bunte Truppe zu einer Art Schützenverein. Bei Beginn der sowjetischen Großoffensive mussten diese Mängel zutage treten. Für die Betroffenen würden sie in der Schlacht schlimme Folgen haben. Das galt besonders für die Luftwaffensoldaten.

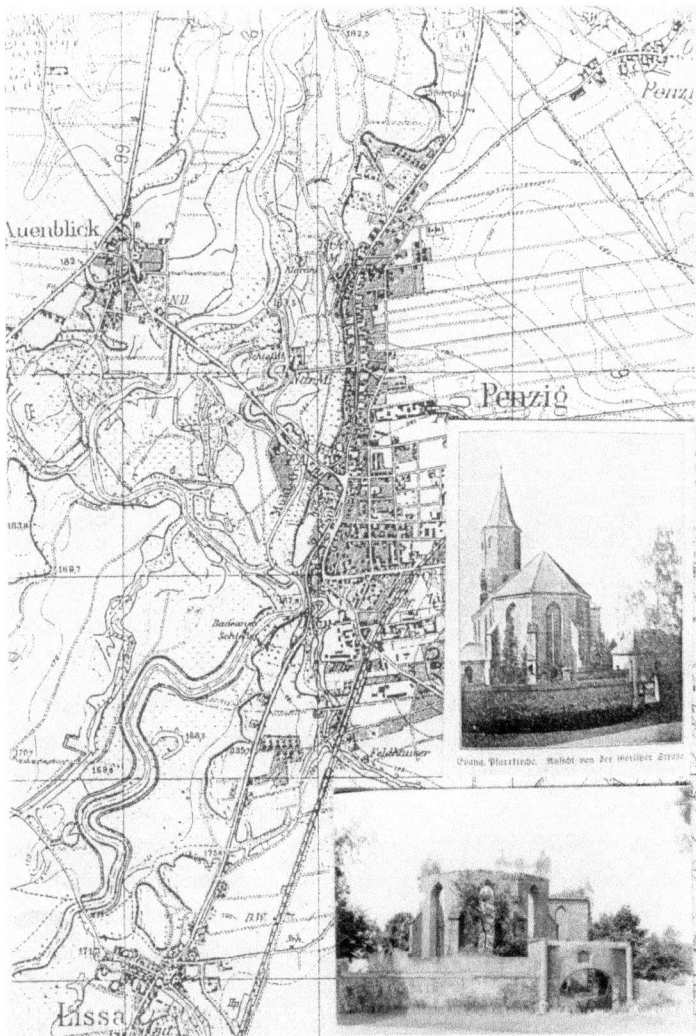

Evang. Pfarrkirche. Ansicht von der Görlitzer Straße.

Rathaus Penzig

Bereits 1943 waren Tausende aus ihren Verbänden herausgelöst und in „Luftwaffenfeldeinheiten" zusammengefasst worden. Deren hohe Verluste im Russlandfeldzug waren darauf zurückzuführen, dass diese Männer nur eine infanteristische Grundausbildung, nicht aber das erforderliche Kampftraining erhalten hatten, bevor sie an die Front geworfen wurden. Weil sie es in den bevorstehenden Kämpfen besonders schwer haben würden, begann für Luftwaffen- und Volkssturmangehörige eine harte Ausbildung im Waffen- und Gefechtsdienst. Für viele kam sie zu spät.

Zu den Todgeweihten, die kurz vor Kriegsende die Schreibtische der Fliegerhorste räumten und ohne Infanterie- und Gefechtsausbildung an den Kämpfen teilnehmen mussten, gehörte auch der Ehemann meiner Schwägerin Ursula. Herbert Krug wurde als „Vermisster" gemeldet. Sein Schicksal blieb ungeklärt.

Inzwischen begann sich die sowjetische Artillerie auf die Stadt Penzig einzuschießen. Die evangelische Pfarrkirche erhielt einen Volltreffer, Salve um Salve folgte die Zerstörung anderer Gebäude. Manchmal herrschte für einige Stunden Stille. Gab es in den Artillerieduellen über die Neiße längere Feuerpausen, durfte das Einmaleins des Kasernenhofs beim Exerzieren wieder eingetrichtert werden: Antreten, Grüßen, Hinlegen, Robben und Gewehrübungen mit dem Karabiner 98 k.

Bahnhof Penzig

Es gab aber nicht nur den sattsam bekannten militärischen Drill, es gab etwas Neues, bei der Deutschen Wehrmacht noch nie Erlebtes: den „NS-Führungsoffizier". Er war das Pendant zum Politkommissar der Roten Armee.

Oberleutnant Hempel verkörperte diesen in der Endphase des Krieges geborenen nationalsozialistischen Führungsoffizier in geradezu vorbildlicher Weise. Mit seinen strahlend blauen Augen und dem gewinnenden Lächeln unter der fesch ins Gesicht gezogenen Mütze war ihm die neue Rolle wie auf den Leib geschrieben. Der Oberleutnant durfte auf eine steile Karriere in der Hitlerjugend zurückblicken. Defaitistische Äußerungen, dass Berlin in die Hände der „asiatischen Bestien" fallen könnte, zerpflückte er mit wenigen Sätzen in der Luft. Seine Überzeugungskraft duldete keine Einwände.

Penzig

Wenn es die Gefechtslage erlaubte, hatte das Bataillon abends anzutreten, um Hempels Ergüssen zu lauschen. Mochte es ihn auch verletzen, dass die Landser seine Durchhalteparolen mit Schweigen beantworteten, so ließ er sich durch nichts in seinem Glauben an des Führers Endsieg beirren. Hempels Rhetorik veredelte die Phrase zur kunstvollen Wortschöpfung. Seine Regie war perfekt. Sie reichte von der indirekten Drohung bis zur Denunziation. Unsicherheit und Angst zu verbreiten war seine Absicht. So verlas er genüsslich einen Tagesbefehl, den Marschall Shukow, Oberbefehlshaber der auf Berlin gerichteten Heeresgruppe, an seine Truppen erlassen hatte und der kompromisslos und in eindeutigen Worten das Ziel der bevorstehenden Großoffensive darlegte: die endgültige Vernichtung des Deutschen Reiches. Dieser Tagesbefehl lautete:

Sowjetischer Soldat! Du stehst an der Grenze Deutschlands, des Landes, das Dir, Deiner Familie, Deinem Vaterland soviel Blut und Tränen gebracht hat.

Räche Dich! Denke daran, dass alles, was die Deutschen besitzen, Dir gehört, bei Dir und anderen Völkern geraubt, errafft und mit Blut und Schweiß billiger, von den Faschisten von überall zusammengetriebener Sklaven erworben ist. Gehe mit erhobener Waffe. Befreie die in deutscher Knechtschaft schmachtenden Frauen, Kinder und Mütter. Das Stöhnen von Millionen dringt zu Dir.

Die Völker Europas erwarten ihren alleinigen Befreier von Willkür und Tod.

*

Die beiden Neuen wurden meiner Gruppe zugeteilt, als wir östlich von Penzig in neue Infanteriestellungen eingewiesen wurden. Die Verteidigung von Penzig sollte ein sowjetisches Vordringen zur westlich der Stadt fließenden Neiße unterbinden.

Fritz Jahn war ein offener Typ, dessen erfrischendes Lachen und fester Händedruck Sympathie auslösten. Die bedächtige Art der Sprache und Gestik wurde von seinem Jungmännercharme überstrahlt.

Fritz

Erhard Schweingel, kurz „Tim" genannt, hatte ebenfalls ein sehr gewinnendes Wesen. An ihm war auffallend, dass er alle Vorkommnisse auf ihre Ursachen zurückzuführen versuchte. Fritz und Tim bildeten ein unzertrennliches Gespann und waren ständig miteinander im Gespräch. Jahrgang 1926, zählten beide zur sogenannten Flakgeneration, die zuletzt noch tief in den Endkampfschlamassel hineingezogen wurde. Anfangs standen mir beide zurückhaltend gegenüber. Sie waren zu zweit und schienen das Problem der intellektuellen Vereinsamung, das sich beim Militär nur durch echte Männerfreundschaften erleichtern ließ, nicht zu kennen.

Für mich war es wichtig, verlässliche Kameraden zu finden. Deshalb bemühte ich mich, auf sie zuzugehen und Kontakte zu knüpfen. Bald waren wir die „unzertrennlichen Drei". Zu diesem Zeitpunkt war nicht abzusehen, dass sich aus diesem Zweckbündnis eine in vielen Gefahrensituationen bewährte Schicksalsgemeinschaft entwickeln würde. Fritz und Tim sprachen oft leise in englischer Sprache miteinander. Erst später ließen sie mich wissen, dass sie an einer mehrwöchigen Spezialausbildung des „Sonderkommandos Skorzeny" teilgenommen hatten. Um den amerikanischen Slang frei von deutscher Klangfärbung sprechen zu können, durften sie sich stundenlang amerikanische Filme ansehen.

Tim

Ziel dieser Ausbildung war das „Unternehmen Greif". Unter dem Kommando des SS-Standartenführers und Kommandeurs der Panzerbrigade 150, Otto Skorzeny, sollten nach Beginn der Ardennenoffensive am 16. Dezember 1944 nach Vorbereitung durch V-1-Beschuß deutsche Soldaten in US-Uniformen hinter den amerikanischen Linien abgesetzt werden und dort Kampfeinheiten bilden. Terroranschläge wie die Sprengung von Brücken und Überfälle auf schwächere Einheiten würden Verwirrung und Chaos auslösen. Das Unternehmen Greif haben nur wenige überlebt. Fritz und Tim gelang es, aus diesem Himmelfahrtskommando vorzeitig auszuscheiden und ohne Verdachtsmomente in den normalen Truppendienst zurückzukehren.

Werner

Fritz Jahn war auf dem Rückzug in Polen verwundet worden. Er trug das Verwundetenabzeichen in Bronze. Am 4. Dezember 1943, als 536 britische Halifax- und Lancaster-Bomber die um den Flugplatz Leipzig-Mokkau gelegenen Flugzeugwerke von Junkers und ATG bombardierten und dabei durch einen unvergleichbaren Feuersturm fast die gesamte Leipziger Innenstadt vernichteten, war Fritz als siebzehnjähriger Flakhelfer schon im Einsatz.

Als „Landesschütze" bewachte ich damals französische Kriegsgefangene in der nördlich der Stadt gelegenen Gemeinde Wiederitzsch. So erlebte ich mit, wie die Leipziger City durch rote Zielmarkierungs- und Leuchtbomben abgesteckt und aufgehellt wurde, bevor binnen 16 Minuten das Zerstörungswerk vollendet war. Zuerst standen Häuser, dann Wohnblocks und schließlich ganze Straßen in Brand. Ringsum stiegen gewaltige Rauchwolken in den rotgefärbten Himmel. Ich befand mich in einer Brandkette ohne Ende, die der gewaltige Sog immer neu entfachte. Ein ebenso schrecklicher wie grandioser Anblick! In größter Sorge um meine Angehörigen stolperte ich damals durch das Inferno der brennenden Straßenzüge. Ständig aufgeschreckt durch Explosionsgeräusche, erreichte ich erst nach Stunden unsere stark beschädigte Wohnung, war aber glücklich, die Eltern und meine Schwester unverletzt anzutreffen.

Unvergesslich bleibt mir dieser Tag auch, weil ich wenige Stunden vor dem Luftangriff - in der Zahnarztpraxis eines Kriegskameraden - meine spätere Frau kennengelernt habe. Ihr Elternhaus wurde in dieser Nacht ein Opfer der Flammen.

Das lag fünfzehn Monate zurück. Die Gegenwart war nicht weniger trostlos. Der Propagandaoffizier Hempel verlas Auszüge aus dem „Befehl für die Verteidigung Berlins", der am 9. März erlassen worden war. Darin hieß es:

Grundsätzlicher Befehl für die Vorbereitung der Verteidigung.

Auftrag: *Die Reichshauptstadt wird bis zum letzten Mann und bis zur letzten Patrone verteidigt.*

Kampfweise: *Mit den zur unmittelbaren Verteidigung der Reichshauptstadt zur Verfügung stehende Kräften wird der Kampf um Berlin nicht in offener Feldschlacht ausgetragen, sondern im wesentlichen als Straßen- und Häuserkampf Er muss mit Fanatismus, Fantasie, allen Mitteln der Täuschung, der List und Hinterlist, mit vorbereiteten und aus der Not des Augenblicks geborenen Aushilfen aller Art: auf, unter und über der Erde geführt werden.*

Hierbei kommt es immer darauf an, die Vorteile des eigenen Landes und die voraussichtliche Scheu der meisten Russen vor dem ihnen fremden Häusermeer restlos auszunutzen. Die genauen Ortskenntnisse, die Nutzbarmachung der U-Bahn und des unterirdischen Kanalisationsnetzes, die vorhandenen Nachrichtenverbindungen, die vorzüglichen Kampf- und Tarnmöglichkeiten in den Häusern, der festungsmäßige Ausbau der Häuserblocks - insbesondere von Eisenbetonhäusern zu Stützpunkten - machen den Verteidiger auch bei zahlenmäßiger und materieller Überlegenheit gegenüber jedem Feind unüberwindlich!

Der Feind, dem keine Ruhe zu gönnen ist, muss sich im engmaschigen Netz der Widerstandsnester, Stützpunkte und Verteidigungsblocks verzehren und verbluten. Jedes verlorene Haus oder jeder verlorengegangene Stützpunkt sind sofort im Gegenstoß wieder zu nehmen. Hierbei sind Stoßtrupps unter Ausnutzung der unterirdischen Gänge unbemerkt auch im Rücken des Feindes zu führen, um ihn überraschend von rückwärts zu vernichten.

Voraussetzung für die erfolgreiche Verteidigung Berlins ist, dass jeder Häuserblock, jedes Haus, jedes Stockwerk, jede Hecke, jeder Granattrichter bis zum äußersten verteidigt wird!

Es kommt nicht darauf an, dass jeder Verteidiger der Reichshauptstadt die Technik des Waffenhandwerks gut beherrscht, sondern vielmehr darauf, dass jeder Kämpfer vom fanatischen Willen zum Kämpfen-Wollen beseelt und durchdrungen ist, dass er weiß, dass die Welt mit angehaltenem Atem diesem Kampf zusieht und dass der Kampf um Berlin die Kriegsentscheidung bringen kann.

Befehlsführung: *Die Vorbereitungen zur Führung des Kampfes um die Reichshauptstadt werden von mir als Befehlshaber des Verteidigungsbereiches Berlin (Ver. B. B.) getroffen.*

V Reymann
Generalleutnant

Der Oberleutnant machte eine Pause. Er genoss die Wirkung seiner Worte. Dann verlas er mit großer Eindringlichkeit einige Todesurteile durch Erhängen. Er wies darauf hin, dass in allen Fällen der Ergreifung von Fahnenflüchtigen die Urteile der Standgerichte sofort an Ort und Stelle vollstreckt werden müssten. „Das sollte keiner vergessen!" Bei dem Wort „Fahnenflüchtigen" fügte er noch hinzu: „Pfui Teufel!"

Alles, was der Schönredner Hempel über die Lippen brachte, war absolut bühnenreif. Gerade deshalb verdienten Wehrmachtspropagandisten der letzten Stunde, wie Hempel einer war, die schlechtesten Noten. Nicht zuletzt, weil diese Scharfmacher den Instinkt und die Intelligenz des deutschen Soldaten unterschätzten.

„Mit Fanatismus, Fantasie und Hinterlist Berlin verteidigen, der General muss verrückt sein!" Tim mochte nicht glauben, was er gehört hatte. „Der Feind steht nicht nur auf der anderen Seite, er

51

steht hinter unserem Rücken. Der Feind ist die eigene Führung!"
Tim blieb fassungslos.

Die 4. Panzerarmee, zu der unsere Einheit gehörte, entsprach längst
nicht mehr den Vorstellungen einer solchen aus den ersten beiden
Jahren des Ostfeldzuges. In einem langen und sehr verlustreichen,
von Leningrad ausgehenden Rückzug hatte sie über Glogau und
Bunzlau am 21. Februar die Lausitzer Neiße erreicht. Nun musste
sie eine 120 Kilometer lange Front, die sich von Groß Gastrose südlich von Guben entlang diesem Fluss bis Penzig erstreckte und bis
Lauban verlief, verteidigen. Die angeschlagene 4. Armee war nur
noch eine „Stellungsarmee", die weder stärkemäßig noch waffen-
technisch die Voraussetzungen besaß, ihre Verteidigungsaufgaben zu
erfüllen.

Für Fritz und Tim war ich ein alter Hase, einer, der den Russlandfeldzug vom ersten Tage an mitgemacht hatte und dem Tod nicht
nur einmal von der Schippe gesprungen war. Folglich musste einer
wie ich über ausreichende Fronterfahrungen verfügen.

Das machte mich interessant. Sie brachten mir auch Vertrauen
entgegen, weil ich aufgrund meiner SMG-Ausbildung als Gewehrführer eingesetzt wurde und ihnen erzählt hatte, dass ich zwischen
1941 und 1944 in Russland alle Stationen vom Munitionsschützen
bis zum Gewehrführer durchlaufen hatte. Die beiden schätzten
mich nicht, weil ich 4 Jahre älter und bereits verheiratet war oder
souverän auftrat, sondern weil es sich bei diesen Jahren um eine
Zeit handelte, die vollgepackt war mit Kriegserlebnissen. Aus der
Sicht von Fritz und Tim war ich einer, der wusste, wo's langgeht
und dem anzuschließen sich vielleicht lohnte.

Richtschütze Werner Kleine. Februar 1943

Nach einigen Tagen sonderten wir drei uns ab und begannen, vertrauliche Gespräche zu führen. Was Bedeutete es für uns die Truppe zu verlassen? War es Verrat, so kurz vor dem absehbaren Kriegsende noch seine Haut zu retten?

Tim wollte alle Möglichkeiten ausdiskutieren. Verrat wäre es nicht, Verrat sei das vorsätzliche Im-Stich-Lassen aus niedrigen Motiven. Fritz ging es mehr um das vertretbare Risiko. Beide waren noch weit davon entfernt, einen solchen Entschluss zu fassen.

Der Befehl zum Abmarsch kam überraschend. Wir waren darauf eingestellt, den bevorstehenden Großangriff im weitverzweigten System der Penziger Schützengräben und Auffangstellungen durchzustehen.

An Vortrag und Interpretation der Wehrmachtsberichte durch den Schönredner Hempel hatten wir uns längst gewöhnt. Soeben war uns mitgeteilt worden, dass die Stadt Königsberg nach heldenhaftem Widerstand von sowjetischen Truppen erobert worden ist. Wütend und energisch bestritt Hempel Gerüchte, dass eine unter dem Befehl des Generals Model stehende deutsche Heeresgruppe im Ruhrgebiet eingekesselt sei.

Wir zogen zunächst in nördlicher Richtung entlang der Neiße nach Kahlemeise. Was sich als „gelockerte Marschordnung" verstand, war eine langgezogene Kette schwerfälliger Soldaten in den Uniformen von Luftwaffe, Reichsarbeitsdienst, Volkssturm und Infanterie. Dieser ungeordnete Haufen kannte weder militärische Disziplin noch dafür verantwortliche Vorgesetzte. Sich mit mir abwechselnd, zogen Fritz und Tim einen Handkarren, auf dem wir Waffen und Marschgepäck verladen hatten.

*

Der zeitige Frühling entfaltete sich in märchenhafter Pracht mit Tausenden von Osterglocken, Primeln, Blüten und Knospen. Für diese Jahreszeit war es ungewöhnlich warm. Aus verlassenen Gehöften bellten uns erwartungsfroh die zurückgelassenen Hunde entgegen. Da keine Feldküchen mitgeführt wurden, musste jeder für sich selbst sorgen. Beim Durchstöbern leerstehender Häuser nach Essbarem half die Erfahrung. Fast immer fanden wir Kellerregale, die mit dickflüssigen Rübensaftgläsern vollgestellt waren.

Einmal übernachteten wir in einem Gutshaus. Alles war gepflegt und ganz anders, als wir es kannten. In den geschmackvoll eingerichteten Räumen gab es Spuren, die auf Schicksale hinwiesen. Da waren die Signaturen in der Wäsche, die wir für unseren eigenen Bedarf mitnahmen, und die Familienbilder an den Wänden. Es zeigte sich, dass alle Fotografie den Ablauf von Schicksalen nur an einem Zipfel festzuhalten vermag. Wir fanden eine Welt, aus der die Menschen verschwunden waren - und mit den Menschen auch ihre Geschichten.

Fritz entdeckte eine Straßenkarte der Lausitzer Region. Sie löste Diskussionen aus, ob die Zeit schon dafür reif sei, sich in die Wälder zu verziehen.

Rothenburg empfing uns mit einem gut ausgebauten Grabensystem, welches in die Tiefe gestaffelt von uns noch weiter ausgebaut werden sollte. Die Sowjets hielten hier einen Brückenkopf, den sie in den Februarkämpfen auf dem Westufer der Neiße gebildet hatten.

Der Marktplatz von Rothenburg/O. L.

Während es am 4. März in Muskau gelungen war, einen Brückenkopf zu beseitigen, war der von Rothenburg bisher nicht einzudrücken gewesen. Durch Artilleriebeschuss war die Stadt stark in Mitleidenschaft gezogen worden. Die um den Marktplatz stehenden Häuser waren größtenteils zerstört. Von der Stadtkirche ragte der zur Hälfte weggeschossene Turm anklagend in den Himmel.

Rothenburg/O.L., Turm der Stadtkirche

Wir wurden in das Grabensystem eingewiesen und mussten die im Bau befindlichen Vorpostenstellungen besetzen. In Abständen von etwa einhundert Metern bezogen wir Posten. Vereinzelt überflogen uns feindliche Aufklärungsflugzeuge. Die mit dem Ausbleiben von Artilleriefeuer an diesem Frontabschnitt eingetretene Stille wirkte unheimlich. Sie ließ deutlich spüren, dass es die Ruhe vor dem Sturm war. Abgesehen von den üblichen Leuchtkörpern, die aufstiegen, ein kurzes nebliges Licht warfen und verflackerten, passierte auch nachts kaum etwas.

Den langweiligen Wachdienst in den Schützenlöchern nutzten wir zu tiefschürfenden Beurteilungen unserer Überlebenschancen. Jedem von uns war klar, dass der Krieg bereits verloren war, bevor die sowjetische Offensive begann. Es stellte sich die Frage, ob wir „abhauen" und uns - unauffindbar versteckt - in den tiefen Wäldern der Lausitz überrollen lassen sollten. Tim reagierte zurückhaltend. Er wollte darüber nachdenken.

Den Befehl des Generalfeldmarschalls Ferdinand Schörner, „alle umzubringen, die das Vaterland feige im Stich lassen wollten", hatte uns der NS-Führungsoffizier Hempel verlesen. Und es gab auch Fotos der Gehenkten.

Weder wollten wir überlaufen, noch in Gefangenschaft geraten. Feigheit konnte kein Thema für einen sein, der sich in den ersten Russlandjahren freiwillig zu den Stoßtrupps gemeldet hatte. Einerseits wollten wir keine Verräter sein, andererseits aber auch nicht „so kurz vor Torschluss" ins Gras beißen. Noch führte kein Weg aus dieser Sackgasse.

Tim feierte am 19. März seinen 19. Geburtstag. Vom „Spieß" bekam er eine Flasche Wein und eine Tafel Schokolade geschenkt. Der Alkohol bewirkte, dass Tim etwas von seiner Zurückhaltung aufgab und Gefühle zeigte. Er lud uns nach Bad Schmiedeberg ein. Ein Fest wollte er feiern, sobald der Krieg zu Ende sei. Nicht ohne Stolz ließ Tim gelegentlich Hinweise auf seine humanistische Bildung in die Diskussionen einfließen. Er befand sich damit bei Fritz in guter Gesellschaft.

Mit diesem schwelgte ich in Erinnerungen an unsere Heimatstadt Leipzig. Auch der gemeinsame Dialekt mag dazu beigetragen haben, dass zwischen uns rasch eine gewisse Nähe entstand.

Die Beförderung von Fritz und Tim zu Gefreiten erfolgte am 31. März und wurde von beiden als eine Art makabren Scherzes empfunden. Aber das herrliche Osterwetter versetzte uns in einen Zustand heiterer Zuversicht. Tim hatte russische Flugblätter aufgelesen, die am Ostersonntag, den 1. April, abgeworfen worden waren. Erst als er sich vergewissert hatte, dass wir unbeobachtet waren, gab er sie uns zu lesen. Sie lösten die üblichen Fluchtgespräche aus.

Wir drehten uns im Kreise, denn es gab nur ein Entweder-Oder. Und da mussten alle Unwägbarkeiten von vornherein in Kauf genommen werden. Für mich konnte es kein Zurück mehr geben, sondern nur noch das Warten auf den richtigen Zeitpunkt zum Absprung. Ein solcher Schritt würde seine Eigendynamik entwickeln und uns von einer Situation automatisch weiterschubsen zur nächsten. Einmal auf diesem Weg, konnte es kein Zurück mehr geben. Am Ende würde das Leben stehen. Oder der Tod.

Es vergingen zwei ereignislose Wochen. Die Ruhe half den Selbstheilungskräften meines Körpers, der nach dem Lungenschuss auf größere Anstrengungen noch immer mit Erschöpfungszuständen reagierte. Die Stille der Front wurde nur selten durch Aufklärungsflugzeuge unterbrochen. In Erwartung eines mörderischen Trommelfeuers wirkte sie unheimlich. Denn die Rote Armee begann jede ihrer Schlachten mit einem Artillerieorkan.

Völlig unerwartet erreichte uns der Befehl zum Abmarsch.

*

Der Bahnhof Horka hatte zwei überdachte Gleissträne. Das Bahnhofsgebäude war kurz nach 1870 errichtet worden. Seit 1867 gab es
auf der Strecke Cottbus-Görlitz einen planmäßigen Zugverkehr.

Der Bahnhof Horka war nicht vergleichbar mit dem Leipziger Hauptbahnhof, löste aber Abschiedserinnerungen aus. Er machte bewusst, dass es seit elf Wochen keine gegenseitigen Lebenszeichen mehr gegeben hatte.

Dieser Bahnhof, in den man wie aus einer anderen Welt kommend eingekehrt war, gab Zeichen der Hoffnung, dass man eines Tages vielleicht ein normales Leben führen und zu den Menschen, die man liebte, heimkehren dürfe. Er verführte zu der Vorstellung, sich in den Warteraum zu setzen und danach einen nach Leipzig fahrenden Zug zu besteigen.

Auf dem Bahnhofsvorplatz wurden Extrablätter ausgerufen. Die Sondermeldung, dass der amerikanische Präsident Franklin D. Roosevelt am 13. April verstorben war, würde auf das Kriegsgeschehen keinen Einfluss mehr ausüben. Sie ließ die Einpeitscher von Durchhalte- und Endsiegparolen jedoch wieder zuversichtlicher an eine Wende durch „Fügung des Schicksals" glauben.

Das Abteil 2. Klasse vermittelte nach Beendigung des Gerangels um die Sitzplätze einen Anflug von Zivilleben. Durch die Fenster konnten wir beobachten, dass es noch Menschen gab, die in Zivilkleidung eine Reise antraten, während jede Minute ein tödlicher Hurrikan auszubrechen drohte. Mit dem Anblick jeder Frau, die auf einen Zug wartend draußen herumstand, wuchs plötzlich die Sehnsucht nach Frieden. Die Sehnsucht machte die Tafeln mit den Ankunfts- und Abfahrtszeiten riesengroß und verursachte flache Atmung und ein Brennen im Bauch. Die Sehnsucht nahm die Gestalt meiner Mutter an und versprach Geborgenheit. Sie veränderte sich zum Verlangen nach den schönen Formen eines weiblichen Körpers. Sie weckte Wünsche nach zärtlichen Berührungen und Betrachten von Nacktheit. Die Sehnsucht begann Ansprüche anzumelden und Besitz zu ergreifen. Und sie wehrte sich hartnäckig dagegen, mit den Tränen hinuntergeschluckt zu werden.

Die Abfahrt des Transportzuges hatte sich verzögerte. Auf den Stunden des Wartens hatte eine bedrückende Stille gelegen. dass weder Gerüchte über das Reiseziel verbreitet, noch die üblichen Landserwitze erzählt wurden, bezeichnete den Ernst der Lage. Keiner konnte wissen, dass in relativ geringer Entfernung zweieinhalb Millionen sowjetischer Soldaten schon in die Bereitschaftsräume eingerückt waren, aus denen sie zwei Tage später zum Großangriff auf Berlin antreten würden. Die Abteile durften während der Fahrt nur mit ausdrücklicher Erlaubnis von Offizieren verlassen werden.

Endstation des Transports war die Stadt Bad Muskau. Das „Ausladen" ließ auf sich warten. Und weil ein Luftalarm es vorher nicht zuließ, konnte erst nach Stunden mit der Neuaufstellung der Truppe begonnen werden. Als die Flugzeuge verschwunden waren, meldete sich die Artillerie. Die Russen schossen in bisher auch an diesem Frontabschnitt nicht erlebter Stärke. Vielleicht sollte die Basis für den Hauptangriff verbessert werden.

Muskau, April 1945. Blick auf die Stadt. Ruine der Stadtkirche

Die Angriffsvorbereitungen schienen abgeschlossen zu sein. Der Sturm konnte jeden Moment ausbrechen. Er würde zuerst die Infanterie erreichen. Es blieb bei Vermutungen. Während der unerfahrenste Leutnant schon ein kleiner Geheimnisträger sein durfte, wurden die Landser über ihre Lage im ungewissen gelassen.

Bei den Zusammenstellungen dominierten die erdkampfungewohnten Soldaten der Luftwaffe. Der Volkssturm war überwiegend nur an den Panzerfäusten ausgebildet worden. Die Spezialwaffen blieben den wenigen Infanteristen vorbehalten.

Ich wurde als Gewehrführer einer SMG-Mannschaft eingeteilt. Fritz und Tim kamen als Munitionsträger hinzu. Da unserem Gerät keine Lafette zur Verfügung stand, bildeten wir aber nur die Besatzung für ein leichtes Maschinengewehr.

Muskau, April 1945. Ehern. Postbrücke über die Lausitzer Neiße

Am späten Nachmittag des 15. April setzten sich die Marschkolonnen von Muskau aus in Bewegung. Zwischen den Einheiten mussten große Abstände eingehalten werden. Wir marschierten durch ein ausgedehntes Waldgebiet über Döbern, Groß-Kölzig nach Simmersdorf und erreichten die aus Richtung Cottbus heranführende Autobahn wenige Kilometer vor ihrem Ende bei Noßdorf, südlich von Forst.

Trecks mit Frauen, Kindern und älteren Männern kamen uns entgegen. Sie quälten sich mit Pferdegeschirren, Handkarren und vollen Rucksäcken zur Autobahn. Den Kontrast bildeten zwei Mädchen, die auf edlen Pferden vorbeigaloppierten und über das Rufen und Pfeifen der Landser lachten.

Oberschlesier auf der Flucht (1945)

Die Stadt Forst war evakuiert worden. Sie war die erste menschenleere Stadt, die wir in der Lausitz antrafen. Trotzdem gab es noch ein geisterhaftes Leben. Transportunfähige Kranke und alte Menschen, die nicht weg wollten und sich versteckt hielten, zeigten ihre Gesichter für Augenblicke hinter Kellerfenstern.

Fremdarbeiter waren bei Aufräumungsarbeiten im Einsatz. Sie schafften Räume für den Bau von Panzersperren. Wir warteten auf Befehle. Schließlich mussten wir nach Noßdorf zurückmarschieren. Neben der Autobahn gingen wir gefechtsmäßig mit unserem Gerät in Stellung. Pioniere setzten Sprengladungen in die Verstrebungen der großen Pfeiler ein. Jeder von uns war überzeugt, dass in dieser Nacht der sowjetische Großangriff losbrechen würde.

Lange Brücke von Forst. Blick auf den Ortsteil Berge (heute zu Polen)

Noch waren die meisten damit beschäftigt, sich in den weichen Boden einzugraben, da erreichte uns gegen 22.00 Uhr der Befehl zur Rückkehr nach Forst. Die über die Neiße gespannte „Lange Brücke" war trotz erheblicher Beschädigungen noch tragfest. Der Ortsteil Berge, den wir in südöstlicher Richtung durchquerten, war an seinen Rändern bereits völlig zerstört.

Die Dunkelheit verheimlichte, dass wir uns bereits innerhalb eines Brückenkopfes befanden, der vom östlichen Ufer vorgeschoben war und zwecks Frontbegradigung das erste Angriffsziel der Sowjets sein würde. Der Zweck dieses Brückenkopfes bestand darin, Panzer, Geschütze und anderes schweres Gerät bei Bedarf über den Fluss zurückführen zu können.

Forst, Mühlenstrasse

Nahe einer Kiefernschonung, die uns Deckung bot und bis an eine kleine Lichtung heranreichte, bauten wir unser Gerät auf. Es war einfach, sich mit Feldspaten in den weichen Sandboden einzugraben. Das Loch sollte an die zwei Meter tief und so schmal sein, dass man seinen Körper hineinzwängen und darin stehen konnte. Die Löcher von Fritz und Tim befanden sich in Sichtweite.

Bald kauerten wir zusammen und nahmen uns - komme was da wolle - fest vor, in allen Situationen zusammenzubleiben.

Jürgen Roth war ein ausgesprochen sympathischer Junge. Seit der Einberufung zur Luftwaffe hatte er seine Militärzeit bisher auf beschauliche Weise in der Schreibstube einer Garnisonsstadt verbracht. Er tat sich schwer, die Kästen mit den Munitionsgurten zu schleppen, und war am Ende seiner Kräfte. Er hatte sich neben mir eingegraben und keine Vorstellung von dem, was uns erwartete.

Gegen zwei Uhr morgens wurden wir plötzlich von Flugzeugen der russischen Luftwaffe überflogen. Es war nicht auszumachen, ob es sich um Jagd- oder Bombermaschinen handelte. Die sowjetischen Piloten hatten das Licht des aufsteigenden Tages im Rücken und streuten Maschinengewehrsalven zwischen die Bäume. Schnell gewannen sie wieder an Höhe und kurvten in den dunklen Himmel zurück.

Die 1. Ukrainische Front hatte vor unseren Stellungen bereits die Ausgangspositionen für den Angriff bezogen. Von den Kommandeuren der Truppenteile und Verbände wurde den übergeordneten Stellen gemeldet, dass sie angriffsbereit seien.

An der gesamten Oder-Neiße-Front verharrte man in Erwartung des Angriffssignals und der Losungen „Tod den Faschisten!" und „Vorwärts zum Sieg!"

In der Nacht führten sowjetische Divisionen Gefechtsaufklärungen durch, um die Stärke der feindlichen Verteidigung festzustellen. Dabei überwand eine Spezialeinheit geräuschlos den Fluss, drang in deutsche Kampfpositionen ein und nahm Gefangene. Deren Aussage zufolge lautete der Befehl, die Neiße-Linie erbittert zu verteidigen und bis zum letzten Mann zu halten; härteste Strafen waren jenen angedroht worden, die ihre Kampfstellungen lebend aufgeben würden.

In der Nacht vom 15. auf den 16. April 1945 fand niemand Schlaf.

Beginn der sowjetischen Großoffensive

Der 16. April war ein Montag. Gegen fünf Uhr stiegen grüne Leuchtkugeln in den noch nächtlichen Himmel auf. Sie gaben den vordersten Stellungen das Signal für den Beginn der sowjetischen Großoffensive.

Dieser Tag wird allen Menschen, die ihn als Soldat oder Bewohner des Oder-Neiße-Gebietes erlebten, zeitlebens unvergessen bleiben. Das gilt auch für die Flüchtlinge, die in ihren Dörfern von dem gewaltigen Trommelfeuer der russischen Artillerie aufgeschreckt wurden.

In seinem Buch „Erinnerungen und Gedanken" beschreibt Marschall Shukow den tiefen Eindruck, den die Anfangsminuten dieser letzten Schlacht des Zweiten Weltkrieges in Europa bei ihm hinterließen:

Der letzte heldenhafte Angriff auf Berlin begann am 16. April 1945 um fünf Uhr früh. Allein am ersten Tag ließen 42 000 Geschütze und Mörser einen Feuersturm auf die feindlichen Linien legen, dessen Granaten 2 450 Güterwagen gefüllt hätten.

Tausende von Raketen in allen Farben zischten durch die Luft. Auf ein Signal gingen 240 Suchscheinwerfer an, die im Abstand von 200 Metern aufgestellt worden waren. Sie blendeten den Feind und zeigten unseren angreifenden Panzern und Infanterietruppen ihre Ziele. Es war ein eindrucksvolles Bild. Ich erinnere mich an nichts in meinem Leben, was diesem Gefühl gleichgekommen wäre.

Der sowjetische Kommandeur des 10. Gardepanzerkorps, General-leutnant J. J. BELOW, schrieb in sein Tagebuch:

Die Artillerievorbereitungen dieses Angriffes waren die mächtigsten von allen, die ich während des gesamten Großen Vaterländischen Krieges er-lebte. Feuer aus Tausenden Geschützen zerriss schlagartig die Stille des anbrechenden Frühlingstages. Tausende Tonnen Metall, abgefeuert aus Tausenden von Geschützen und Granatwerfern, zerbarsten in den feindlichen Stellungen. Das Grollen der Geschütze aller Kaliber verein-te sich. Geschossdetonationen erschütterten mit ungeheurer Kraft die Erde am Ufer der Neiße, wirbelten Staub auf, zersplitterten Holz und warfen meterhohe Wasserfontänen auf Zehntausende von Geschossen verrichteten ihr Zerstörungswerk in den Verteidigungsanlagen des Fein-des und machten die Wege frei für unsere Panzer und Schützentruppen.

Zum Ende dieses 1. Teils der Artillerievorbereitungen erschienen Schlachtflieger über dem Kampfgelände und legten entlang der Neiße einen dichten Nebelvorhang. Die deutschen Soldaten erblickten an die-sem Morgen keinen Sonnenaufgang. Auf insgesamt 400 Kilometern setzten sich die sowjetischen Panzer und Schützenregimenter zum letz-ten Sturm in Bewegung. Ihr Ziel hieß Berlin.

Der Befehlshaber der 2. sowjetischen Luftarmee, S. A. KRASSOW-SKI, berichtete über den Beginn der Offensive:

Und dann kam hinter dem Horizont die grell-orangefarbene Scheibe der Sonne hervor. Gleichzeitig vernahm man den Lärm Hunderter Motoren. Die Bombenflieger gingen in geschlossenen Formationen an die Erfüllung ihrer Aufgaben.

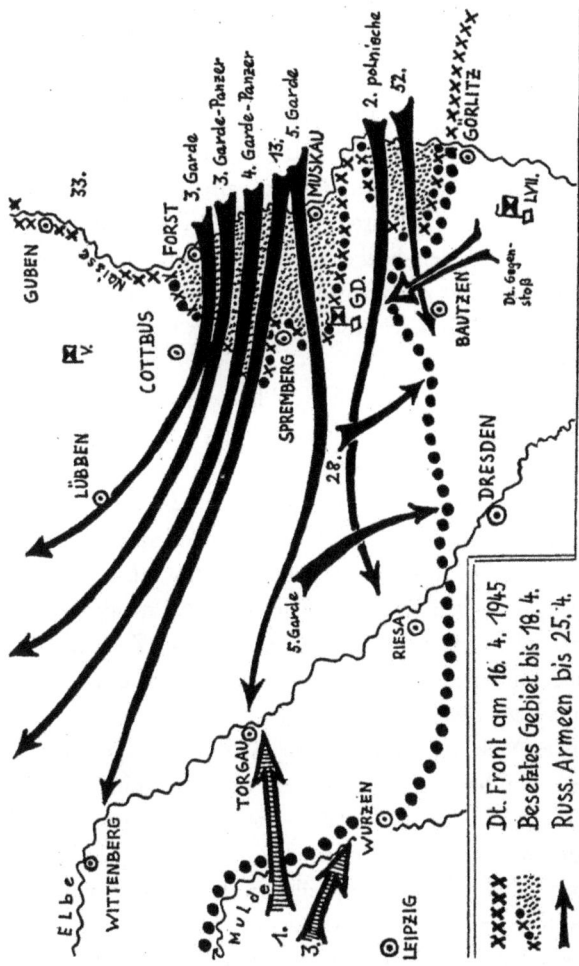

Katastrophe in Mitteldeutschland

GUBEN
33.
FORST
3. Garde
3. Garde-Panzer
4. Garde-Panzer
13.
5. Garde
MUSKAU
2. polnische
52.
GÖRLITZ
COTTBUS
LÜBBEN
V.
SPREMBERG
GD.
BAUTZEN
LVII.
Dt. Gegen-
stoß
28.
DRESDEN
5. Garde
RIESA
TORGAU
WURZEN
WITTENBERG
Elbe
Mulde
1.
3.
LEIPZIG

xxxxx   Dt. Front am 16. 4. 1945
xxxxx   Besetztes Gebiet bis 18. 4.
         Russ. Armeen bis 25. 4.
         US-Armeen bis 25. 4.
·····   Russische Front am 6. 5.

69

Es bildeten sich zwei Angriffsschwerpunkte heraus. Der eine im Bereich der 9. Armee lag im Norden an den Seelower Höhen, der zweite, im Süden, bei der 4. Panzerarmee, kristallisierte sich im Raum Guben-Forst-Muskau heraus.

Uns schien es, als würde die Erde beben, als 42 000 Geschütze aller Kaliber ihre Feuergarben ausspieen. In wenigen Minuten färbte sich der Himmel blutrot. Es heulte, krachte, zischte und rumorte um uns, als würden sich die Pforten der Hölle öffnen. Die russischen Granaten zersiebten den Erdboden und entwurzelten Bäume. Sie zerrissen Brücken und zerschlugen Häuser. Dann strahlten Scheinwerfer auf. Ihre Lichtbündel huschten über uns hinweg. Sie suchten nach Zielen.

Dem Artillerie-Inferno folgte ein Platzregen herabklatschender Splitter. Eine gigantische Teufelsaustreibung schien über uns gekommen zu sein. Gelbe Nebelschwaden hüllten das Gelände ein. Wir befanden uns plötzlich in einem Rauchdschungel. Es konnte nichts mehr wahrgenommen werden. Ein beißender Geruch erschwerte das Atmen. Instinktiv pressten wir uns tief in die Löcher. Es war unmöglich, den Kopf zu heben. Minuten wurden zu Ewigkeiten der Gedanken, der Erinnerungen und der Zeit. Die Wirklichkeit übertrifft deine Vorstellungskraft. Ab jetzt konnte jede Sekunde deine letzte sein!

Die erste Welle der sowjetischen Kampfflugzeuge kam noch hoch angeflogen, bevor sie ihre Bomben abwarfen. Einige der Flugzeuge wurden dabei durch die Flak abgeschossen. Es waren faszinierende Bilder, wenn die Maschinen, in Rauchwolken gehüllt, spiralförmig abtrudelten. Die zweite Welle wurde nur noch von schwachem Abwehrfeuer empfangen. Mit der dritten kamen die Tiefflieger in flachem Anflug und feuerten aus ihren Bordwaffen auf uns. Es war höchste Zeit für einen Stellungswechsel. Die Lichtung bot den Vorteil, dass man nicht von den durch Bomben und Granaten entwurzelten Bäumen erschlagen werden konnte. Sie gab aber auch Tieffliegern mit Bordkanonen einprägsame Orientierungshilfen.

In einer Feuerpause bauten wir unser Gerät ab und gruben uns am Waldrand ein. „Schießt nicht auf alles, was vor euch auftaucht. Es sind noch welche vor uns. Wir sind hier Auffanglinie!" rief ein Feldwebel. Schon begann ein neues Artillerie-Inferno. Der Feldwebel rannte um sein Leben. Dann verschwand er in einem Granattrichter. Er war sofort tot.

Während hinter uns Bäume umstürzten und riesige Krater entstanden, war es schwer, sich und den Kameraden Mut zuzusprechen. In den Feuerpausen zwischen den Artillerie- und Luftangriffen spürte ich ein Absinken der Spannungskurve.

Nach dem Verstummen der Artillerie verging eine längere Zeitspanne, bevor die Flugzeuge wieder auftauchten. Die Stille dazwischen war so unwirklich, als käme sie aus einer anderen Welt. Sie bedeutete einen Aufschub. Wer noch atmen konnte, erfuhr Hoffnung. Die Stille wurde durch die Schreie und das Stöhnen der Verwundeten unterbrochen. Sanitäter rannten los. Mit den Verletzten auf den Tragen stolperten sie zu den Sammelstellen.

Ich beteiligte mich an der Bergung von Gefallenen. Da kannst du beim Tragen nichts falsch machen. Die toten Gesichter berühren dich tief, weil sie so jung sind. Und du fragst dich, wo deren Schutzengel abgeblieben waren. Verwundete versorgen und Tote bergen. Zerfetzte Menschenleiber vorsichtig in Zeltplanen legen.

Es gab noch Leben im Wald. Melder fragten nach Gefechtsständen. Raus aus den Löchern und die erstarrten Glieder bewegen. Etwas trinken. Löcher tiefer graben. Die Notdurft verrichten. Es durfte geraucht und geredet werden. Tim zweifelte an seiner Zukunft. „Ob wir hier noch mal lebend rauskommen?" Fritz blieb stumm.

Ein Luftwaffensoldat fragte, ob es etwas zu essen gäbe und wann er seine eiserne Ration aufmachen dürfe. Der Hinweis, dass sich bei Bauchschüssen leere Därme risikoloser operieren ließen als volle, tröstete ihn nicht. Er sagte: „Mich interessiert nur, dass ich schrecklichen Kohldampf habe."

Es gab kaum noch Infanteriedienstgrade. Damit man uns nicht auseinanderriss, durften Fritz und Tim öfters nicht in Erscheinung treten. Jeder erfahrene Infanterist musste eine Funktion übernehmen und sehen, wie er mit den gefechtsunerfahrenen Soldaten aus Schreibstuben, Kleiderkammern und Magenkompanien zurechtkam.

Es war aber auch schlimm für diese Männer, weil sie den erbarmungslosen Gesetzen des Frontdaseins hilflos ausgeliefert waren.

Die militärische Lage zur Verteidigung des Brückenkopfes Forst war inzwischen aussichtslos geworden.

Pioniereinheiten der 1. Ukrainischen Armee hatten im Schutz der Nebelwand und des Artilleriefeuers sowie der Schläge aus der Luft mit der Errichtung von Sturmstegen begonnen. Es wurden 140 Stege errichtet, mit Kähnen über den Fluss gezogen und am gegenüberliegenden Ufer befestigt. Es wurden 140 Boote auf das Wasser gesetzt und 3 Fähren zum Einsatz gebracht. Soldaten durchschwammen die Neiße, um Furten zu erkunden. Dann begannen Pioniereinheiten mit dem Bau von Brücken. 5 Kilometer nördlich von Muskau wurde eine Pontonbrücke für das Übersetzen von Panzern errichtet.

Bereits wenige Stunden nach Beginn des Angriffes konnten die ersten Schützentruppen im Laufschritt über die Neiße setzen. Das Abwehrfeuer der deutschen Verteidiger war zu schwach, um das Übersetzen zu verhindern.

Am Abend des 16. April war ein 30 Kilometer breiter Brückenkopf zwischen Forst und Weißwasser - und südlich davon einer von 20 Kilometer Breite zwischen Rothenburg und Penzig entstanden. Marschall Konew, Oberbefehlshaber aller auf Berlin ausgerichteten Sowjettruppen, ließ in der Nacht die Vorausabteilungen weiterer Panzerarmeen auf das Westufer der Neiße übersetzen. Zu diesem

Zeitpunkt standen ihm dafür bereits 133 Übersetzstellen zur Verfügung.

Das deutsche Oberkommando beantragte angesichts dieser militärischen Situation, die Front nach Westen und Nordwesten zurücknehmen zu dürfen, um nicht im Süden umgangen zu werden.

Die Antwort aus dem Führerhauptquartier lautete:

Armee hat ihre Front zu halten und die Lage im Schwerpunkt durch Gegenangriffe zu bereinigen.

Auszug aus dem Heeresbericht der 3. sowjetischen Gardearmee, deren Durchbruchsabschnitt in neun Kilometer Breite zwischen Forst und Klein Bademeusel verlief:

Die 3. Gardearmee hatte am rechten Flügel ihrer Stoßgruppierung besonders schwere Angriffskämpfe zu führen. Der Gegner hatte die Stadt Forst zu einem starken Widerstandszentrum aufgebaut und behauptet dort weiterhin einen Brückenkopf am rechten Ufer der Neiße.

Das an der rechten Flanke angreifende 76. Schützenkorps - dessen 287. Schützendivision weit auseinandergezogen zwischen Groß Gastrose und dem Nordrand der Stadt Forst den Nordflügel der 1. Ukrainischen Front und damit die Naht zur 1. Belorussischen Armee deckte - griff mit seiner 106. Schützendivision mit kräftigem Stoß die sich hartnäckig im Brückenkopf verteidigenden Truppen an.

Nachdem der Gegner durch vernichtende Schläge sowjetischer Luftstreitkräfte starke Verluste erlitten hatte, konnte er dem Sturm der angreifenden Schützentruppen nicht mehr widerstehen. Das Korps drang bis 1,5 Kilometer in den Brückenkopf ein und konnte nach Einnahme des östlichen Teils der Stadt auch den Südrand von Forst erreichen.

Unsere Einheit befand sich zu diesem Zeitpunkt im südlichen Zipfel des Brückenkopfes. In vorgeschobener Position hatten wir das

Ostufer der Neiße zu verteidigen. Die vordersten Linien, die etwa tausend Meter vor uns lagen, sollten aus einem verzweigten, gut ausgebauten Grabensystem bestehen und mit Infanterie besetzt sein.

Der Kompanietruppführer, ein Unteroffizier, trat an mein Loch heran und befahl: „Nehmen Sie sich ein paar Leute und erkunden Sie, was vorne los ist! Die Telefonkabel sind zerstört, und auf Funksprüche bekommen wir keine Reaktion mehr."

Bei Anbruch der Dunkelheit brach unser kleiner Erkundungstrupp auf. Ich hatte Jürgen Roth dabei und einen anderen Luftwaffensoldaten. Es dauerte einige Zeit, bis sich die Augen an die neuen Lichtverhältnisse gewöhnt hatten. Der Weg führte uns durch eine zur Wildnis verwandelten Baumlandschaft. Hoch aufgetürmte Stämme und tiefe Granattrichter mussten vorsichtig umgangen werden. Der zerstörte Wald war unergründlich. Er war schon gut belaubt und hielt die besten Fluchtverstecke bereit. Ich unterschied die Natur nach Vorzügen und Nachteile für Fliehende.

Meine unerfahrenen Kameraden wurden zur Belastung. In jedem blätterdichten Busch vermeinten sie etwas wahrzunehmen. Überrankte Mulden schienen ihnen ausgefüllt zu sein mit kauernden Russen. Es gab Geräusche, von denen wir nicht wussten, wer sie erzeugte. Die Vielfalt von Tönen wirkte bedrohlich. Überall knarrte, fiepte und schnaubte etwas. Ich bereute, auf Fritz und Tim verzichtet zu haben.

Weiter vorn wurden die Büsche wieder durchsichtig. Gewaltige Bombentrichter hatten das Schussfeld gelichtet. Vorsichtig schlichen wir uns an die vordersten Stellungen heran. Nirgendwo waren Lebenszeichen zu erkennen. In den verwüsteten Gräben lagen nur Tote. Sie mussten Opfer von exakt gelegten Bombenketten geworden sein und boten einen entsetzlichen Anblick. Vielleicht waren sie von einer Druckwelle getötet worden. Fluchtartig verließen wir die Stätte des Grauens.

Es dauerte lange, bis wir einen Pfad fanden, der in Richtung Neiße führte. Vorsichtig die Zweige der Uferbewachsung öffnend, kamen wir langsam voran. Plötzlich sahen wir im Gelände vor uns sowjetische Soldaten. Die meisten hantierten mit Gegenständen. Was sie im einzelnen taten, war nicht auszumachen. Man hörte halblaute Kommandos. Der Bau einer Behelfsbrücke über den Fluss lief auf Hochtouren.

Am Ufer kauernd sahen wir vorbeitreibende Wasserleichen. Die Dunkelheit verbarg ihren Zustand; ließ nicht erkennen, ob sie entstellt oder schon aufgebläht waren. Und ob sie deutsche oder russische Uniformen trugen. Die tot Dahintreibenden gaben eine Vorstellung vom Ausmaß der Kämpfe.

Der Kompanieführer war ein Infanterieleutnant. Er ließ mich von seinem Kompanietruppführer zum Bataillonsgefechtsstand fahren. Dort hatte ich Bericht zu erstatten. Bremsen quietschten, Sand wurde aufgewirbelt.

Der Gefechtsstand war unter einem zerstörten deutschen Panzer eingelassen worden. Er bestand aus einer großen und tiefen Erdaushebung. Ein Major und ein Oberleutnant beugten sich über Karten, die sie in kurzen Abständen mit Taschenlampen anleuchteten. Den Äußerungen der Offiziere war zu entnehmen, dass die Russen den Brückenkopf in der Hauptstoßrichtung eingedrückt hatten. Im nördlichen Teil und in der Mitte hatten sie die Neiße bereits überquert. Die im Februar zur Festung erklärte Stadt Forst sei bereits weiträumig eingeschlossen worden. Gegen die Errichtung von mehr als einhundert Übersetzstellen habe man nichts ausrichten können.

Ein Feldgeistlicher trat mit der Bitte heran, bei Räumung des Brückenkopfes die Gefallenen mitnehmen zu dürfen. Der Major bedauerte sehr, diesen Wunsch ablehnen zu müssen. Er wies dabei auf eine endlose Reihe von Zeltplanen. Jede verbarg einen toten Soldaten. Nur die Stiefel ragten unbedeckt hervor.

„Denen kann keiner mehr helfen. Wozu sollten wir sie über den Fluss bringen?" fragte er. „Es wird schwierig genug, die Verwundeten abzutransportieren."

Der Pfarrer sah über die Reihen ausgestreckter Leichname. Er sagte: „Sind wir geboren, um so zu sterben?" Bekümmert verließ er den Gefechtsstand. Ich stand dabei und wartete, meinen Bericht vortragen zu können. Die Offiziere winkten ab. Ich möge mich zu meiner Einheit begeben.

Rückzug vom Brückenkopf Forst

Der 17. April begann mit dem Rückzug. Die südlich der Stadt Forst von Pionieren errichtete Behelfsbrücke erreichten wir gegen 3:00 Uhr. Die Nacht war dazu genutzt worden, die notdürftig befahrbare Brücke neu zu befestigen. Dazu mussten die Männer mit ihrem Handwerkszeug im kalten Wasser ausharren. Zusatzstege, die für das Übersetzen von Bodentruppen angelegt werden sollten, wurden von der Strömung weggerissen und mussten von Schwimmern zurückgeholt werden.

Die Behelfsbrücke von Forst, die trotz stundenlangem Bombardement und Artilleriebeschuss wie durch ein Wunder noch stand und deren schwere Beschädigungen immer wieder beseitigt wurden, die zerbarst und neu entstand, diese Übergangsstelle musste für den Rückzug instand bleiben. Und der noch am Ostufer befindliche letzte intakte Teil des Brückenkopfes sollte gehalten werden, bis die Männer mit dem letzten schweren Gerät zum Westufer übersetzen konnten.

Über die Pontonbrücke, die jeden Moment zusammenbrechen konnte, rollte schweres Gerät, rollten Panzer und Geschütze. Es war, als ob die Treffer ihr nichts Ernsthaftes anzutun vermochten. Das am Morgen des 17. April auf Frontbreite erneut losbrechende Artilleriegetöse betraf zunächst nicht unseren Abschnitt. Rückwärtige deutsche Auffangstellen wurden mit Sperrfeuer belegt, um das Heranbringen von Nachschub zu verhindern. Das Umfeld der Brücke nahmen die Sowjets erst unter Feuer, als sie die Absetzbewegungen erkannten.

Wir gehörten zu den ersten, die zur Brücke gelangten, und überquerten sie im Laufschritt. Fritz verlor im Gedränge seine Munitionskästen. Sie rutschten ihm aus den Händen und fielen ins Wasser. Die anfängliche Ratlosigkeit wich achselzuckendem Gleichmut.

Auf dem linken Neißeufer bauten wir unser Gerät sofort hinter einer Baumgruppe auf, um nachsetzenden Sanitätsfahrzeugen Flankenschutz zu geben. Tim und Jürgen schleppten die schweren Munitionskisten heran. Die anbrechende Helligkeit ließ nicht viel erkennen. Deutschen Kommandos und Flüchen war zu entnehmen, dass die Übersetzaktion noch nicht abgeschlossen sein konnte.

Wir erwarteten jeden Moment, dass der letzte Übergang für die zurückflutenden deutschen Truppen gesprengt würde. Statt dessen wurden wir von sowjetischen Tiefffliegern unter Beschuss genommen. Danach beobachteten wir das Anschleichen der ersten sowjetischen Infanteristen. Vorsichtig tasteten sie sich an das Ostufer der Neiße heran.

Als größere Gruppen nachrückten, hämmerten wir unsere MG-Salven in die nach vorn stürmenden Soldaten hinein. Wir schossen wie verrückt, weil um uns herum alle wie verrückt schossen, und es war eine absolut schizophrene Situation. Denn eigentlich wollten wir damit nichts mehr zu tun haben, vielmehr für immer weg aus der tödlichen Bedrohung. Als gegen 9.00 Uhr etwas Ruhe einkehrte, erreichte uns der Befehl, die Stellungen aufzugeben.

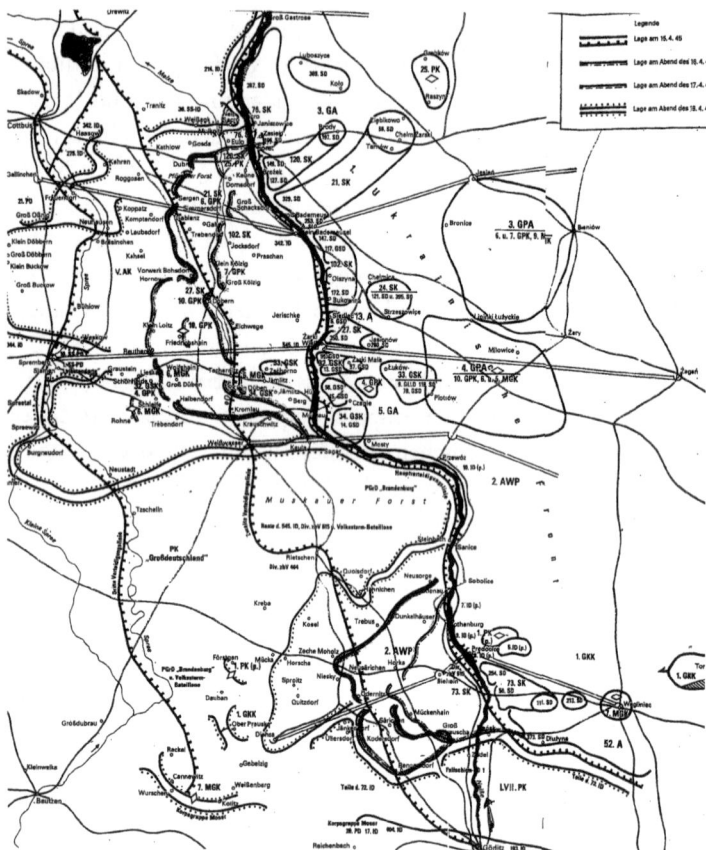

*Durchbruch der 1. Ukrainischen Front durch die gegnerischen Stellungen
an der Neiße vom 16. bis 18. April 1945*

Rückzüge sind planmäßige oder erzwungene Absetzbewegungen. Ein Rückzug wird zur Flucht, wenn nichts mehr festgefügt ist. Eine Flucht wird zum Chaos, wenn bindungslose Einheiten sich aufzulösen beginnen; wenn keiner mehr weiß, wo er hingehört.

Unser Rückzug vollzog sich südlich von Forst durch das Waldgebiet um Keune. Waldwegen folgend, erreichten wir nach wenigen Kilometern eine große Lichtung. Für die verlustfreie Überquerung einer vom Feind einsehbaren Schneise gibt es kein Konzept. Da schweres Gerät nicht mehr mitgeführt werden konnte, wurden Granatwerfer und Maschinengewehre in Stellung gebracht, um Flankenschutz zu geben.

Auf ein Kommando eröffneten wir das Feuer. Gleichzeitig verließen die Soldaten ihre Tarnräume und stürmten über die Lichtung. Die Sowjets begannen sofort wie wild aus allen Rohren in die dichtgedrängten Haufen hineinzuschiessen. Raketenwerfer spien Feuergarben. Sie machten die Lichtung größer und pflügten sie um. Raketen und Leuchtspurmunition richteten ein furchtbares Blutbad an. Vor unseren Augen spielten sich grausame Szenen ab. Verwundete schrien nach Sanitätern. „Helft mir, nehmt mich mit!" Viele Soldaten kehrten um. Das Anrennen gegen die nachfolgenden Kameraden löste Panik aus. Unteroffiziere besaßen keine Autorität mehr, und Offiziere waren nicht vorhanden. Der Wald begann zu brennen. Rauch und scharfer Geruch trieb uns entgegen. Hastig bauten wir das Gerät ab. Massebildend und blindlings dem Herdentrieb folgend, setzte sich eine Gruppe nach der anderen in Laufbewegung. Die heranpfeifenden Granaten setzten einen Volltreffer nach dem anderen. Selbst Hasen mit den größten Zickzacksprüngen wären dieser Treibjagd zum Opfer gefallen.

Hinter den letzten Kohorten große Abstände einhaltend, teils robbend, teils kriechend und in tief gebückter Haltung über umgestürzte Bäume springend, erreichten Fritz, Tim und Jürgen unverletzt mit mir zusammen den rettenden Waldrand.

Am Ortsrand von Keune stellten sich Offiziere der Waffen-SS den versprengten Kompanien in den Weg. „Anhalten zum Sammeln!"

Eine halbverhungerte und schlecht ausgerüstete Truppe sollte aus den Trümmern zerschlagener Bataillone neu aufgefüllt werden. Kaum zu fassen, dass es für die erschöpften Männer etwas zu essen gab. Wir erhielten Knäckebrot und ließen unsere Kochgeschirre mit Gulaschsuppe füllen. Als Marschverpflegung wurde Dauerwurst und Brot ausgegeben.

Unter den Angehörigen der Waffen-SS befanden sich viele Milchgesichter. Diese jungen Kerle waren fünfzehn oder sechzehn Jahre alt, als sie den SS-Werbern in ihren Schulen in die Hände fielen. Sie hatten weder wissen noch ermessen können, was sie mit der Freiwilligmeldung auf sich nehmen würden. Die Jungs mussten einem leid tun. Denn deren Panzerdivision „Leibstandarte" war eine Elitetruppe. Diese SS- Leute machten keine Gefangene und wussten, dass man sie nicht gefangennehmen würde. Die hatten nichts anderes zu erwarten als den Tod, deshalb kämpften sie bis zur letzten Patrone.

Den elitären Vorstellungen der SS-Männer entsprach es, dass sie mit unserem Sauhaufen nichts zu tun haben wollten.

Die Panzerdivision „Leibstandarte" befolgte exerziermäßig den Befehl, sich fertigzumachen für einen Gegenstoß in Richtung Forst.

*

Tim sah ihn zuerst: „Hempel ist wieder da!" Der NS-Führungsoffizier war einer der wenigen Offiziere, die übriggeblieben waren. Da ihn im Brückenkopf keiner gesehen hatte, behaupteten böse Zungen, dass sein Überlebenstraining darin bestünde, in entscheidenden Momenten bei rückwärtigen Diensten unabkömmlich zu sein. Der Oberleutnant, nun im Besitze des Eisernen Kreuzes 2. Klasse, zeigte sich erfreut, einige von uns wiederzuerkennen. Bei den Neuaufstellungen wurde ersichtlich, welch große Verluste die Kämpfe im Brückenkopf gekostet hatten. Sie wurden mit Ersatzsoldaten aus Magenkranken-Einheiten und Lazarettabgängen nicht einmal zur Hälfte kompensiert. Vor einer Scheune bot uns Politoffizier Hempel dann eine Neuinszenierung seiner sattsam bekannten Auftritte.

Zunächst erhielten wir Lob für unseren Kampfeinsatz im Brückenkopf. Mit Ausbruch des Bewegungskrieges habe sich die Gefechtslage verändert. Die Angriffsvorbereitungen zur Rückeroberung kurzfristig aufgegebener Gebiete erfolge nicht mehr durch schwere Artillerie und Bombenabwürfe. Sie würden leichteren Waffen weichen und in Kürze beginnen. Oberleutnant Hempel verlas den Tagesbefehl des Führers vom 16. April 1945:

Zum letzten Mal ist der jüdisch-bolschewistische Todfeind mit seinen Massen zum Angriff angetreten. Er versucht, Deutschland zu zertrümmern und unser Volk auszurotten. Wir haben diesen Stoß vorausgesehen, und es ist seit Januar dieses Jahres alles getan, um eine starke Front aufzubauen. Eine gewaltige Artillerie empfängt den Feind. Die Ausfälle unserer Infanterie sind durch zahllose neue Einheiten ergänzt. Der Bolschewist wird diesmal das Schicksal Asiens erleben, das heißt, er wird und muss vor der Hauptstadt des Deutschen Reiches verbluten.

Wenn in diesen kommenden Tagen und Wochen jeder Soldat an der Ostfront seine Pflicht erfüllt, wird der letzte Ansturm Asiens zerbrechen, genauso wie am Ende der Einbruch unserer Gegner im Westen trotz allem scheitern wird.

Berlin bleibt deutsch, Wien wird wieder deutsch, und Europa wird niemals russisch.

Bildet eine verschworene Gemeinschaft zur Verteidigung nicht nur des leeren Begriffes eines Vaterlandes, sondern zur Verteidigung Eurer Heimat, Eurer Frauen, Eurer Kinder und damit Eurer Zukunft.

In dieser Stunde blickt das ganze deutsche Volk auf Euch, meine Ostkämpfer, und hofft nur darauf, dass durch Eure Standhaftigkeit, durch

Euren Fanatismus, durch Eure Waffen und unter Eurer Führung der bolschewistische Ansturm in einem Blutbad erstickt.

Im Augenblick, in dem das Schicksal den größten Kriegsverbrecher aller Zeiten (gemeint ist Roosevelt) von dieser Erde genommen hat, wird sich die Wende dieses Krieges entscheiden.

Adolf Hitler

Oberleutnant Hempel räusperte sich in tiefer Betroffenheit. „Wir werden dich nicht enttäuschen, mein Führer!" Dann verlas er auszugsweise die Wehrmachtsberichte beider Angriffstage.

16. April:

Bei der 4. Panzerarmee begann heute um 5.00 Uhr starkes Artilleriefeuer und um 7.30 Uhr der erwartete Großangriff im Raum Muskau-Forst. Bisher einzelne Einbrüche. Herangeführt wird die 600. russische Division. Eine weitere Division von Guben aus und vom Süden die 21. Panzerdivision.

17. April:

Im Raum Forst 1000 russische Luftwaffeneinsätze und Angriffe auf 2 Brücken. Jedoch wurden die Linien im wesentlichen gehalten.

Hitlers Tagesbefehl kam uns wie eine zynische Groteske vor. Wo waren die darin erwähnten Artilleriewaffen und umfangreichen Ersatzaufstellungen geblieben? Wahrlich, von ihrer politischen und militärischen Führung konnten sich die Landser nur betrogen fühlen.

Die 1. Ukrainische Front hatte die Ziele ihres zweiten Angriffstages erreicht. Es war ihr gelungen, die 4. Panzerarmee in alle Winde zu zersprengen.

Als sich der Abend dieses warmen Frühlingstages auf den 17. April herabsenkte, waren russische Panzer bis zur Stadtgrenze von Cottbus vorgestoßen. Eingeschlossen blieb die Stadt Forst als Wellenbrecher zurück. Hier war es einer SS-Kampfgruppe gelungen, den Forster Bahnhof zurückzuerobern und sich in den Komplexen um das Sportstadion und den Friedhof mit dem Krematorium zu verschanzen.

*

Wir verließen Keune mit dem Marschziel, eine zweite Auffanglinie zu besetzen. Über deren Verlauf und unseren neuen Standort war nichts in Erfahrung zu bringen. Unterwegs erstarrten wir. „Seht nicht hin", sagte Tim. An einer Reihe von Alleebäumen baumelten Gestalten in deutschen Uniformen. Unter den Gehenkten befand sich ein Offizier. Diese „Fahnenflüchtigen" waren von der 35. SS-Polizeidivision gestellt, standgerichtlich verurteilt und sofort hingerichtet worden. Im Vorbeigehen blickten wir zu den sanft schaukelnden Figuren hoch. Uns war es, als würde uns zugewunken, durch sachte Handbewegungen Grüße erwidert. Es war geisterhaft und schaurig zugleich.

Kurz darauf gerieten wir nördlich der Autobahn in ein schweres Gefecht gegen vorgehende sowjetische Truppen, deren Panzerkräfte bereits im Vorfeld von Noßdorf standen.

Opfer fliegender Standgerichte

Wir traten zu einem Gegenstoß an und drangen dabei bis zu den
ersten Steinbauten einer Ortschaft vor. Als sowjetische Panzerab-
wehrgeschütze die vor uns fahrenden Sturmgeschütze in Brand
schossen, flüchteten wir uns in eine Scheune. Es kam zu einem
Nachtgefecht, in dessen Verlauf wir den Rückzug antreten und uns
in dichtes Gehölz zurückziehen mussten.

Im Bericht der 3. sowjetischen Gardearmee heißt es dazu:

Das im Zentrum der 3. Gardearmee vorgehende 120. Schützenkorps durchbrach, unterstützt vom 25. Panzerkorps, mit Wucht die gegnerische Verteidigung, drang 4 Kilometer vor und besetzte den Abschnitt zwischen der Forster südlichen Stadtgrenze, Domsdorf und Noßdorf Dabei kam es zu besonders schweren Kämpfen um Keune, das der Feind zu einem starken Stützpunkt ausgebaut hatte. Die· Einnahme von Keune unterstützten nachhaltig Bombenfliegerverbände der 2. Luftarmee, die massierte Angriffe auf die dort angelegten Stellungen flogen.

Der sowjetische Marschall Konew hatte seinen Armeen die Aufgabe gestellt, den Angriff mit den Hauptkräften zu erneuern, die zweite Verteidigungslinie des Gegners einzunehmem, eine dritte an der Spree zu durchbrechen.

Der 18. April begann mit einem gefechtsmäßig durchgeführten Rückzug durch Buschwerk. Das dicht bewachsene Gehölz bot gute Tarnmöglichkeiten. Dieser Tag wurde für jeden unserer MG-Gruppe unvergesslich. Entweder hatten wir die zweite Auffanglinie verfehlt, oder sie existierte nur auf dem Papier. Die Suche machte kurze Aufenthalte mit häufigem Auf- und Abbau des inzwischen durch eine Lafette ergänzten Gerätes erforderlich. Im Gegensatz zu Fritz und Tim hatte Jürgen Roth große Mühe, die Munitionskästen heranzuschleppen und uns nach Stellungswechseln im Walde wiederzufinden. Er verfügte nicht über das Orientierungsvermögen, das auf den meist langen und einsamen Wegen mit den schweren Kästen lebensrettend sein kann. Ohne Spezialausbildung blieb der Luftwaffensoldat Jürgen Roth in allen Situationen auf sich allein gestellt, weil man ihn nicht auf den bewaffneten Kampf vorbereitet hatte.

Am späten Nachmittag bauten wir das Maschinengewehr in der Nähe von Kahren auf. In der Entfernung von 300 bis 400 Metern zog die Nachhut eines sowjetischen Truppenverbandes an uns vorbei. Vom Waldrand aus nahmen wir die zum Tross gehörenden Panjewagen unter Feuer. Die Pferde bäumten sich auf. Sie stürzten zusammen mit den Reitern nieder und rissen dabei die Wagen um. Die Russen antworteten mit Stalinorgeln und einem Granatwerferschlag. Um uns herum spritzte es Erde und Eisen.

SMG Schützen

Ein gurgelnder Laut des hinter uns liegenden Jürgen Roth ließ Fritz und mich erstarren. Entsetzt sahen wir, dass sich auf Jürgens Uniform ein Blutfleck ausbildete, der sich schnell vergrößerte und die Jacke mit Blut durchtränkte. In seine Brust musste ein Geschosssplitter eingedrungen sein, der die Lunge oder andere innere Organe zerfetzt hatte. Jürgen versuchte etwas zu sagen, brachte aber keinen Ton über seine Lippen. Sein Gesicht wurde greisenhaft winzig und verfiel zu leichenhafter Blässe.

Überstürzt verließen Tim, Fritz und ich die Deckung hinter dem Maschinengewehr. Vorsichtig nahmen wir den Schwerverletzten hoch und trugen ihn ins Waldinnere. Es wurde ein endloser Weg, weil sich die Blutungen verstärkten und sachgemäße Hilfe von uns nicht geleistet werden konnte.

Ein notdürftig als Verbandsstelle hergerichteter Erdbunker wurde zum Abschiedsort. Jürgens zusammengefallenes Gesicht war zu fremden Zügen verloschen. Als uns der Sterbende vorsichtig von zwei Sanitätern abgenommen wurde, gab er kein Lebenszeichen mehr von sich. Da lagen noch andere Schwerverwundete mit klaffenden Wunden und verglasten Augen. Die sagten und erwarteten nichts mehr. Sie hatten keinerlei Überlebenschancen, weil sie sich selbst aufgegeben hatten.

Wir warteten so lange, bis ein Arzt Jürgens Tod bestätigte. Der Krieg ist ein gefräßiges Ungeheuer.

Am Abend des 18. April 1945 hatten die Amerikaner die Stadt Leipzig in Besitz genommen. Die 1. Ukrainische Front ließ durch ihren Stab bekanntgeben, dass der aus drei Verteidigungslinien bestehende Abschnitt zwischen Forst und Muskau in einer Breite von 35 Kilometern und einer Tiefe von 30 Kilometern durchbrochen worden sei. In der Nacht vom 18. auf den 19. April überschritt die gesamte sowjetische Gardepanzerarmee die Spree und bildete am Westufer einen breiten Brückenkopf. Versuche der Russen, vom Süden aus in Cottbus einzudringen, blieben erfolglos.

Tief deprimiert verließen wir den Sanitätsbunker. Draußen setzten wir uns auf einen Baumstamm. Über uns trudelte ein getroffenes Flugzeug ab; es zog eine Rauchspur hinter sich her. Der Himmel zeigte sich tiefblau. Blau ist die Unermesslichkeit, das Transzendente. Die Sonnenstrahlen verbreiteten Wärme. Sie versuchten, uns Hoffnung zu geben.

Wir hatten unser Gerät im Stich gelassen und waren ohne Abmeldung verschwunden. Das entsprach unerlaubtem Entfernen von der Truppe. Darauf standen Höchststrafen. Uns dreien war bewusst, dass aus dieser Spontanhandlung nun jene Situation eingetreten war, die wir in vielen Diskussionen heraufbeschworen hatten. „Für uns gibt es kein Zurück zur Truppe, wir müssen versuchen, uns nach Westen durchzuschlagen", sagte ich. Tim blieb nachdenklich, verzichtete aber auf seine Rolle als Bedenkenträger: „Wir müssen uns bewusst machen, dass sich unser Leben mit Beginn der Fahnenflucht entscheidend verändern wird." Fritz sagte: „Es wird Zeit, dass wir endlich handeln!"

Mit diesem Entschluss begann eine neue Phase unseres Lebens.

Ab sofort hatten wir alle Straßen zu meiden, weil die Russen auf ihnen vorstießen oder deutsche Panzer Gegenstöße unternahmen und weil wir keinen Angehörigen der deutschen Wehrmacht begegnen durften. Abseits der Straßen würden uns keine russischen Tiefflieger niedermähen können. Ob Freund oder Feind, ab sofort spielte es keine Rolle mehr. Wir waren nur noch auf uns selbst angewiesen.

*

Der 18. April 1945 war der letzte Tag im neunzehnjährigen Leben des Jürgen Roth. In unserem Leben markierte er einen neuen Anfang. Es war auch der Tag, an dem der letzte Widerstand der im Ruhrgebiet eingekesselten deutschen Truppen erlosch.

Unter diesem Datum hieß es im Wehrmachtsbericht - Auszug Heeresgruppe Mitte:

Bei Forst kam der Gegner vor. Um Forst selbst wird gekämpft. In der Schlacht zwischen Görlitz und Cottbus zerbrach der bolschewistische Ansturm nach geringfügigen Geländegewinnen am zähen Widerstand der Infanterie. Im dichten Waldgelände südöstlich von Cottbus sind unsere Panzer zum Gegenangriff angetreten. In den beiden letzten Tagen wurden in diesem Abschnitt 233 Panzer abgeschossen.

*

Wir zogen uns tiefer in den Wald zurück und verbrachten die Nacht in dichtem Unterholz. Kurz vor Tagesanbruch durchsuchten wir ein verlassenes Gehöft nach Essbarem. Wie üblich, war nur Si-

88

rup zurückgelassen worden. Tim fand einen Schatz. Irgendwo grub er drei Weinflaschen aus.

Auf Wald- und Schleichwegen erreichten wir am Nachmittag des 19. April die südlich an Cottbus vorbeiführende Autobahn. Mein Kompass leistete uns dabei große Hilfe. Beim Verlassen des Waldes erblickten wir in Schützenketten vorgehende Rotarmisten. Sie bewegten sich langsam. Ihr Ziel waren die ersten Häuser der Vororte von Cottbus.

Das Abwehrfeuer der Verteidiger ließ nur Minuten auf sich warten.

Mit dem tosenden Lärm der einschlagenden Granatwerfergeschosse hatte uns die Front schnell wieder eingefangen.

Ein Friedhof wurde unsere Zuflucht. Wir halfen uns gegenseitig über die Mauer und suchten hinter Grabsteinen Deckung und Schutz vor den Splitterwolken. Eine Totenstätte als Asyl. Wir durften sie nicht entweihen und verließen sie nach Einbruch der Dunkelheit.

Ein Geräteschuppen lag gleich nebenan. Obwohl er keine Türverriegelung hatte, erschien er uns ein geeignetes Versteck. Zusätzliche Sicherheit bot ein mit Schubkarren und kiesgefüllten Eimern vollgestellter winziger Nebenverschlag.

Tim verschüttete viel Wein, als er der ersten Flasche den Hals abschlug. Unserer gelösten Stimmung tat das keinen Abbruch. Alkohol. Zuerst sah die Welt nur ein wenig freundlicher, später absolut berauschend aus. Komme was da wolle, wir würden uns zu den Amerikanern durchschlagen. Und bald in Leipzig Einzug halten. Zurufe in russischer Sprache rissen uns brutal aus diesen Träumen. Schüsse peitschten auf. Es vergingen bange Minuten. Nichts geschah. Ob diese Soldaten als Spähtrupp unterwegs waren oder in Gefechtsordnung nach vorm gingen, um den Abschnitt zu besetzen, blieb uns verborgen.

Unsere zuversichtliche Stimmung war wie weggeblasen. Gegen Mitternacht näherten sich erneut laute Stimmen. Wir zogen uns in den Nebenverschlag zurück und verbarrikadierten die schmale Brettertür mit der Schubkarre und den sandgefüllten Eimern. Dann vernahmen wir unverständliche Sprachlaute. Durch die Ritzen drang der Qualm von Machorka-Tabak zu uns. Ein Russe versuchte die Tür zu öffnen. Er rüttelte am Lattenverschlag. Wir stemmten uns mit angehaltenem Atem dagegen, bis der Soldat von ihr abließ. Endlich erklangen Kommandos. Wie ein Spuk waren die Russen verschwunden. Und mit ihnen auch die Dämonen unserer Ängste.

Drei Flaschen für drei Männer. Es blieb nichts übrig. Nach dem ungewohnten Alkoholgenuss versanken wir in einen Grenzbereich zwischen Tiefschlaf und Bewusstlosigkeit. Erst in den Mittagsstunden des 20. April kamen Tim und ich wieder zu uns. Fritz hatte sich viel Mühe geben müssen, uns wachzuschütteln. Nichts hatten wir mitbekommen. Nichts von dem, was in den vergangenen Stunden um uns herum passiert war, nicht einmal das übliche Gewehrgeknatter.

Wehrmachtsbericht vom 19. April 1945 - Auszug Heeresgruppe Mitte:

Auch westlich der Neiße griffen die Bolschewisten mit allen verfügbaren Kräften an. Trotz des erbitterten Widerstandes konnte der Gegner nach schweren Kämpfen und Verlust zahlreicher Panzer nördlich Görlitz und Weißwasser Angriffskeile zwischen den Raum östlich Bautzen und an der Spree beiderseits Spremberg vorantreiben. Gegenangriffe sind im Gange. Starke Jagd- und Schlachtfliegerverbände griffen auch gestern in die Abwehrschlacht ein und brachten der schwer ringenden Erdtruppe fühlbare Entlastung. Sie vernichteten trotz starker Abwehr 95 weitere Panzer und Sturmgeschütze, schossen 20 bewegungsunfähig und brachten 160 Flugzeuge zum Absturz.

Teile des .Panzerkorps Großdeutschland" haben sich in die ausgedehnten Wälder des Muskauer Forstes zurückgezogen und führen von dort aus Gegenstöße.

Am 20. April 1945 standen die Briten vor den Toren Hamburgs. War in Italien Bologna gefallen, marschierten die Russen nach der Einnahme Wiens die Donau hinauf, um in Linz - Adolf Hitlers Heimat - mit der 3. Amerikanischen Armee zusammenzutreffen.

Der 20. April war ein Tag, der als Führers Geburtstag zwölf Jahre nationaler Feiertag war. Hitlers 56. Wiegenfest wurde zu dem Tag, an dem die Ostfront zerbrach und der Krieg mit den letzten Zuckungen zu Ende ging. Die schwere sowjetische Artillerie schoss dazu Salut!

Das Feuer lag bereits in der Berliner Innenstadt. Überall war das Grollen des Geschützdonners zu hören.

Hitlers Reaktion lautete: „Wer in Gefangenschaft gerät, ohne verwundet zu sein, hat seine Ehre verwirkt. Aus einem Haus, an dem eine weiße Fahne erscheint, sind alle männlichen Personen zu erschießen."

Für uns begann „Führers Geburtstag" trostlos. Alkoholgeschwächt und von Hungergefühlen begleitet, zogen wir schlapp und unaufmerksam dahin. Beim Überqueren einer Straße gerieten wir unter einen zusammengewürfelten Haufen deutscher Soldaten. Das waren Versprengte aus verschiedenen Waffengattungen. Sie hatten sich ihrer Gewehre entledigt. Diese ausdruckslosen Gesichter! Glaube und Zuversicht waren nach den Strapazen der Rückzugsmärsche einer dumpfen „Macht-Schluss-Haltung" gewichen. Kein Hochgefühl mehr, das Vaterland zu retten. Kein „inneres Brennen". Nichts, gar nichts.

Um uns herum sah es trostlos aus. Hinter uns schossen die Russen ein Dorf nach dem anderen in Schutt und Asche. An den Bäumen hingen die aufgeknüpften Deserteure. Wo die Wälder noch nicht in Flammen aufgegangen waren, marodierende russische und polnische Nachzügler. Aus dem ehemaligen Millionenheer deutscher Soldaten waren wir - die Landser dieser allerletzten Schlacht um Berlin - nur der Abfall. Was beim Verbrennen zurückblieb. Uns gab es nicht mehr als deutsche Soldaten. Wir waren ausgebrannt. Nur noch militärische Schlacke.

Die Landser fluchten und stöhnten. Sie fluchten auf die Scheissrussen, auf die verdammte Waffen-SS und auf die Generäle, die den Krieg weiterführen ließen, als sei er noch zu gewinnen.

Rotarmisten! Wir sahen sie kommen, als wir vom Waldrand aus das weite Feld bis zur Autobahn überblickten. In unendlichen Reihen quollen sie gleich Ameisenströmen von der Schnellstraße herunter. Sie schwärmten aus, bildeten Schützenketten und setzten sich gefechtsmäßig in Bewegung.

Für uns stand fest, dass wir keinen Entlastungsangriff entlang der Autobahn mitmachen würden. Kein Antreten mehr gegen den hundertfach überlegenen Feind, gegen dessen Luft- und Panzerüberlegenheit nichts auszurichten war. Schon gar nicht an der Autobahn. Dort standen keine Bäume, hinter denen man Deckung fand. Und es gab keinen Sand, in den man sich eingraben konnte. Der Boden dort war hart wie Erz.

Selbstverstümmelung

Wir ließen uns zurückfallen und trotteten mit zunehmendem Abstand hinter den andern her. Der Himmel bezog sich. Vielleicht war es ein Zeichen. Drei Nachzügler gingen an den Hausstümpfen vorbei und verschwanden wie auf Kommando hinter einem hochaufgeschichteten Holzstapel.

Unsere Lage schien aussichtslos. „Uns bleiben nur Gefangenschaft oder Tod", sagte Tim. Nur nicht in Gefangenschaft! Der Feind war überall. Ob man den Russen in die Hände fiel oder von einem deutschen Exekutionskommando wegen Fahnenflucht erschossen oder aufgehenkt würde, blieb sich letztlich gleich.

Es gab noch einen Ausweg.

„Den Krieg zu überleben haben wir nur eine Chance, wenn wir den Heimweg über die Verbandsplätze antreten können", gab ich zu bedenken. Dazu gehörten Risikobereitschaft und der Mut, körperliche Schmerzen auf sich zu nehmen. Der einzige Fluchtweg bestand darin, uns selbst Verwundungen zuzufügen. Im militärischen Terminus hieß das Wort *Selbstverstümmelung*. Fritz und Tim erhoben keine Einwände.

Der Entschluss war gefasst. Ihn auszuführen, bedurfte es einer einsamen Stelle. Wir schlugen die Richtung auf eine von dichtem Gehölz umschlossene Mulde ein. Nachdem wir uns vergewissert hatten, dass sie von keiner Seite einzusehen war, krochen wir den sanften Abhang hinunter. Die letzten Zigaretten dienten der Beruhigung. Wir rauchten sie im Stehen neben einer Baumgruppe. Es gab nichts mehr zu sagen. Jeder wusste, was zu geschehen hatte. Es galt schnell zu handeln.

Tim wollte es als erster hinter sich bringen. Einen starken Ast umfassend, stellte er sich breitbeinig vor einen Baum. Sein Gesicht zeigte Blässe. „Drück ab, Werner", sagte er tapfer. Ich hatte das Gewehr schon im Anschlag. „Lass das linke Bein locker", rief ich. Da es um uns herum knallte, pfiff und detonierte, ging mein Schuss im allgemeinen Gefechtslärm unter. Tim lag zusammengekrümmt am Boden. Er jammerte leise vor sich hin. Fritz war sofort mit dem Verbandszeug zur Stelle. Geschickt schob er die Hose übers Knie. Mit ruhiger Hand brachte er die Blutung zum Stillstand. Dann legte er ohne Hast einen Notverband an. Gemeinsam brachten wir Tim in eine bequemere Lage. Ich entzündete ihm eine Zigarette.

„Jetzt bin ich an der Reihe", sagte Fritz gefasst. Mit dem Schießen hatte ich keine Probleme. Es musste sein, und einer musste es zweimal tun. Weit mehr als meine Treffsicherheit beunruhigte mich das Verbinden der Wunde. Es ist mir manches gegeben. Geschicklichkeit gehört nicht dazu.

Fritz ging zu der Stelle, an der vor ihm Tim gestanden hatte. Er tippte an seinen linken Oberarm. „Mach schon!" Sekunden später rutschte er in die Knie. „Meine Güte", stöhnte er. Die Uniformjacke war schon aufgeknöpft, aber es war schwierig, den verletzten Arm auszuwickeln. Die Fleischwunde war ziemlich groß und gab viel Blut ab. Ich kam mir wie ein Metzger vor und zwang mich zur Ruhe. Fritz musste große Schmerzen ertragen und die Zähne zusammenbeißen, bevor es mir gelang, so etwas wie einen Behelfsverband zustande zu kriegen.

Die beiden Schüsse und das blutige Handwerk lösten Nervosität aus. Ich lud den Karabiner und erwartete eine Reaktion von Fritz. Vorher hatten wir abgesprochen, dass ich als letzter an der Reihe und Fritz der Vollstrecker sein würde.

Doch Fritz hatte genug mit sich selbst zu tun. Er litt unter starken Schmerzen. „Ich kann nicht, wie soll ich ein Gewehr halten?"

„Du musst aber, ich will nicht als einziger von uns zurückbleiben." Fritz nickte mit verzerrtem Gesicht. „Versuchen will ich's", keuchte er. Vorsichtig half ich ihm auf. Erschöpft und auf unsicheren Beinen lehnte er an einem Baumstamm. Ich drückte die geladene Schusswaffe unter seine rechte Achselhöhle. Dann stellte ich mich mit ausgestreckter linker Hand im Abstand von einigen Metern vor ihm auf. Fritz fuchtelte mit schwankendem Gewehrlauf vor mir herum. Weil es ihm nicht möglich war, den Karabiner zu halten, stürzte der zu Boden.

„Ich habe keinen Halt und treffe womöglich den Kopf", sagte er verzweifelt.

„Es muss gehen, Fritz, ich komme ganz nahe an dich heran", blieb ich hartnäckig. Ich klemmte ihm den Kolben wieder unter und trat bis auf zwei Meter an ihn heran. Das Gewehr war fest eingeklemmt. Sein Lauf zog nur noch kleine Kreise. Fritz setzte wieder ab. Er hatte starke Schmerzen. „Das ist Wahnsinn!"

Ich ließ einige Zeit verstreichen. Dann schob ich ihm die Waffe zum dritten Mal unter den Arm. Wortlos. Es war meine letzte Chance. Ich streckte ihm meine Hand entgegen. Der Lauf dieses Karabiners 98 k schwankte so sehr, dass ich mit ausgestreckter Hand immer näher an Fritz heranrückte. Der Abstand blieb zuletzt unter einem Meter. Gebannt sah ich auf den Finger am Abzugsbügel. Als der Schmerz mich traf, glaubte ich einen Luftsprung zu machen. Es überkam mich aber auch Erleichterung. Fritz hatte es doch noch geschafft.

Tim gelang es nicht, sich bei uns unterzuhaken. Er wurde mehr geschleppt als getragen. Es war nicht möglich, für ihn eine Schaukel zu bilden. Unsere Hände ließen sich nicht verschränken. Tim versuchte sich mit dem unverletzten Bein vom Boden abzustoßen. Im Schneckentempo rutschten und stolperten wir aus der Senke.

Vor uns machte sich eine SS-Einheit angriffsbereit. Verblendete Fanatiker, die bis zuletzt für eine ad absurdum geführte Heldenmythologie kämpften und sich weigerten, die Ideologie des Nationalsozialismus in Frage zu stellen. Sie verzichteten auf Erfahrungen, die zum Nachdenken anhalten.

Den drei stöhnenden Gestalten wurde keine Aufmerksamkeit zuteil. Im Gefecht ist das Zurückgehen Verwundeter ein normaler Anblick.

Tims Verband war inzwischen so stark durchblutet, dass wir nur noch schrittweise vorwärtskamen. „Auf geht's!", mobilisierte er seine schwindenden Kräfte. Der Oberarmdurchschuss machte auch Fritz zu schaffen. Immer häufiger geriet er ins Taumeln. Das war ein endloser Leidensweg. Er kam aus dem Nichts und schien ins Nichts zu führen.

Sanitäter sind Retter. Denen genügt ein Blick. Die uns aufnahmen, zeigten schon während der Fahrt, dass sie in der Ersten Hilfe versiert waren. „Morgen kommen die Wunderwaffen zum Einsatz", sagte einer. Wir hörten es mit gemischten Gefühlen. Der andere pflichtete ihm bei. „Ja, morgen soll's losgehen." Hempel trieb überall sein gespenstisches Unwesen. „Die Dummen sterben nicht aus", flüsterte Fritz. An die Wunderwaffen glaubten wir nicht. Doch Glauben ist nicht Wissen.

Der Verbandsplatz von Cottbus befand sich in den Kellern des Rathauses. Freundliche Rotkreuzschwestern umsorgten uns.

Wir erhielten fachkundige Wundbehandlung und festsitzende Verbände. Man gab uns Rotwein mit Traubenzucker und Riegelschokolade. Märchenstunde. Unter der Wirkung von Alkohol und Morphium schon im Dahindämmern, wurden wir in einen Sanka verfrachtet. Unmittelbar nach dieser Verladung wurde die Stadt zur Festung erklärt.

*

Burg im Spreewald. Nach rücksichtslosem Bremsen erwachten wir vor einem Feldlazarett. Vor dem Eingang warteten zahlreiche Leichtverletzte. Der Massenansturm überforderte die Auffangstationen. Nur Schwerverwundete und Frischoperierte durften bleiben. Aufnahme und verbandsmäßige Versorgung erfolgten in einem Großraum. Über die wenigen Betten durften nur Ärzte verfügen.

Am 21. April wurden wir durch Sanitätsfahrzeuge nach Vetschau überführt. Gegen Mittag trafen wir in den Baracken ein, die als Notlazarett vorgesehen waren. An den Bahnhof grenzend, dienten sie der Weiterführung von Sammeltransporten. Es befreit aber eine Durchgangsstation nicht von Aufnahmeformalitäten.

Auszug aus dem Wehrmachtsbericht vom 20. April:

Zwischen den Sudeten und dem Oderbruch tobt die Schlacht gegen den russischen Massenansturm mit äußerster Erbitterung. Im Einbruchsgebiet Görlitz-Bautzen-Weißwasser warfen unsere Verbände nach Westen vorgedrungene Kräfte der Russen zurück. Während heftige Angriffe beiderseits Sprembergs unter hohen Verlusten für den Gegner abgewiesen wurden, konnten die Sowjets durch die Frontlücke südlich Cottbus weiter nach Norden vorstoßen und in Calau eindringen.

Der 22. April begann mit ärztlichen Untersuchungen. Im Krankensaal herrschte diszipliniertes Schweigen. Tim war in zuversichtlicher Stimmung. „Der Knochen ist unverletzt", sagte er und kniff dabei ein Auge zu. Auch Fritz war ein Routinefall. Schon nach wenigen Minuten bekam er seinen Verwundetenzettel umgehängt.

Für mich nahm sich der Stabsarzt viel Zeit. Immer wieder betrachtete er mit großem Interesse den Einschusskanal innerhalb der Handfläche. Gebannt starrte er auf die Schusswunde unterhalb des Goldfingers. Nach einiger Zeit ließ er sich eine Lupe bringen. Sein Gesichtsausdruck zeigte ein Lächeln der Erkenntnis:

„Woher mögen die Schmauchspuren kommen?" wollte er von mir wissen. Ich blieb ihm die Antwort schuldig.

Die Ärzte berieten sich längere Zeit. Dabei warfen sie illusionslose Blicke auf mich. Die Schmauchspuren an meiner Hand erhärteten den Verdacht, dass der Schuss aus kürzester Distanz abgefeuert worden war. Endlich bekam auch ich meine Verwundetenkarte. Sie trug den Vermerk: „Gerichtsmedizinisches Institut Königsbrück".

Doch da würde mich mit Sicherheit keiner zu sehen bekommen.

Auszug aus dem Wehrmachtsbericht vom 22. April:

In der Doppelschlacht zwischen Sudeten und Stettiner Haff stehen unsere Truppen weiter im schweren Kampf Die Besatzung von Bautzen verteidigte sich hartnäckig gegen den mit starken Kräften angreifenden Feind. Nach Westen vorstoßend drangen die Sowjets in Bischofswerda und Königsbrück ein. Mit ihren Angriffsspitzen erreichten die Bolschewisten die Linie Treuenbrietzen.

In Cottbus und Fürstenwalde sind Straßenkämpfe im Gange.

Über Königs Wusterhausen nach Berlin

Am späten Nachmittag des 23. April wurden alle für den Verwunden-Sammeltransport vorgesehenen Soldaten zum Bahnhof gebracht. Bei der Registrierung wurde Tim unter den ersten, Fritz unter den letzten aufgerufen. Mein Name wurde nicht verlesen.

Weil Tim liegend transportiert wurde, wussten wir, dass unsere gemeinsame Zeit nun vorüber war. Der Abschied, obwohl mit den üblichen flotten Sprüchen garniert, berührte uns sehr. Beim Weggehen ließ er sich nicht mehr überspielen.

Der Lazarettzug stand schon bereit. Auf der Anzeigentafel stand „Berlin". Für die „gehfähigen Verwundeten" waren noch ein paar Waggons angehängt worden. Da der Bahnhof in der Nacht unter Artilleriebeschuss lag, waren Arbeitstrupps damit beschäftigt, zerstörte Gleise abzutragen und Ersatzstücke einzufügen. Die Stimmung unter den Bahnbediensteten war gedrückt. Sie schienen zu befürchten, dass dies der letzte Eisenbahnzug sein könnte, der den Bahnhof Vetschau verließ. Wenn die Russen kämen, würden künftig keine Reichsbahnzüge mehr vom Osten oder Westen hereinstampfen. „Ihr kommt noch weg, was wird aus uns?" rief ein Gleisarbeiter über die Schienen hinweg.

Das Verladen vollzog sich im Eiltempo. Als Tim vorbeigetragen wurde, winkten wir uns noch einmal zu. Die Gehfähigen halfen sich gegenseitig. Es dauerte eine Ewigkeit, bis sich der Zug tuckernd in Bewegung setzte. In Erwartung, dass ich aufspringen würde, stand Fritz in der geöffneten Tür. Die Posten hatten sich noch nicht abgewandt, da rannte ich schon los. Jetzt oder nie! Beim ersten Aufsprung klappte es nicht, weil Fritz mich nicht festhalten konnte. Ich lief noch eine kurze Strecke neben dem schneller werdenden Zug her. Beim zweiten Versuch wurde ich kräftig an beiden Oberarmen gepackt und mit Schwung durch die Wagentür gezogen. Erleichtert bedankte ich mich bei Fritz und einem fremden Kameraden für die bravourös gemeisterte Aktion.

Etliche Bahnarbeiter hatten es mir nachmachen wollen. „Macht die Türen auf, lasst uns rein!" schrien sie. Die Rufe gingen rasch in Verwünschungen über, wurden schwächer und verloren sich hinter uns. Ein größerer Ansturm war nur verhindert worden, weil der Lazarettzug inzwischen erheblich an Fahrt gewonnen hatte.

Unsere Hoffnungen, Tims „Liegewagen" ausfindig zu machen, blieben unerfüllt. Stunden verstrichen, bis wir endlich *Lübbenau* erreichten. Jedes Mal, wenn das Stampfen der Lok vom Gefechtslärm übertönt wurde, war der nächste Aufenthalt auf freier Strecke schon

vorprogrammiert. Fast glich es einem Wunder, wie dieser Transportzug sich immer wieder befreien und in Bewegung setzen konnte.
Der nächtliche Himmel wurde vielfarbig und durch grelles Licht
von Explosionskörpern erhellt. Die aufsteigenden Leuchtkugeln ließen den Freund vom Feind nicht unterscheiden. Von Station zu
Station begleiteten uns die Geräusche von Kampfflugzeugen und
Artillerieeinschlägen.

Von Schlaflosigkeit entnervt und fassungslos beobachteten wir,
dass sogar noch „bespannte Einheiten" verladen und dazugehörige
Verbände teils zu Fuß in Marsch gesetzt wurden. In dieser Nacht erreichten die sowjetischen Angriffsspitzen die Linie Treuenbrietzen-
Zossen südlich Königs Wusterhausen.

Auszug aus dem Wehrmachtsbericht vom 23. April:

*Die tapfere Besatzung von Bautzen hielt auch gestern zahlreichen bol-
schewistischen Angriffen stand. In Spremberg leisteten unsere Truppen
den anstürmenden Sowjets erbitterten Widerstand. Dagegen ging Cottbus nach zäher Verteidigung verloren.*

In Halbe in der Nähe des Teupitzer Sees gab es Gerüchte, dass der
Bahnhof umkämpft sei und vor der Erstürmung stehe. Der Sani-
tätszug wurde zu stundenlangem Aufenthalt gezwungen, weil die
Zerstörung von Schienensträngen umfangreiche Gleisarbeiten erforderlich machte.

Es war nicht mehr weit bis zu einem großen Verkehrsknotenp-
unkt im Süden Berlins: Königs Wusterhausen. Hier war der Um-
schlagplatz für Kohle aus Schlesien, die auf Binnenschiffen transportiert wurde. Als Sitz des Deutschlandsenders und Geburtsstadt
des Deutschen Rundfunks war sie jedem Radiohörer ein Begriff.
Vielleicht erwartete uns hier schon der Vorortverkehr mit einer
ständigen S-Bahn-Verbindung?

Am späten Vormittag des 24. April 1945 kam unser Zug dort
an. Der Bahnhof von Königs Wusterhausen bot die Stille eines ab-

gelegenen Friedhofes. Menschenleere empfing den letzten Verwundetenzug aus dem Osten. Mit uns kehrte das Leben auf die Bahnsteige zurück. Trillerpfeifen und Kommandos besorgten die Turbulenzen.

Bahnhof Königs Wusterhausen

Alle Waggons mit Leichtverwundeten wurden abgehängt; die Gehfähigen mussten den Zug verlassen. Zum Weitertransport waren nur noch liegend zu Transportierende vorgesehen.

BDM-Mädchen[1] mit ernsten Kindergesichtern und baumelnden Zöpfen wurden abgewiesen, als sie die Abteile der Schwerverwundeten betreten wollten. Schüchtern und verloren standen sie neben den großen Kaffeekannen. Tim zur Verabschiedung aufzusuchen wurde auch uns untersagt, da der Bahnhof schnellstens geräumt werden musste. Wir zwängten uns vorbei an den martialisch anmutenden Kopfverbänden und Armschienen der mit uns ausgeschütteten Leichtverwundeten. Nach dem Überwinden einer Absperrung wurden wir vor dem Bahnhof von einer Menschenan-

---

1 BDM: Abkürzung für den faschistischen *Bund deutscher Mädel*

sammlung aufgenommen. Förmlich verschluckt. Ortsansässige eilten aus den Wohnungen, Flüchtlinge verließen ihre Notbehausungen; vieles war auf den Beinen, alles strömte zusammen.

Wir standen auf den Eingangsstufen eines Hotels und konnten den mit Uniformierten und Zivilisten angefüllten Vorplatz gut übersehen. Das im gründerzeitlichen Stil aus Backstein erbaute Bahnhofsgebäude war vom Krieg verschont geblieben. Aus den Nebenstraßen drängten die Menschen nach. Weshalb?

Bahnhöfe sind Sammelpunkte für Heimweh und gleichermaßen Zielorte für Fernweh. Sie zwingen dich zu Gefühlsregungen. Mit den Tränen kämpfend läufst du einem abfahrenden Zug hinterher. Erwartungsfroh einem einfahrenden entgegen.

Die Menschen standen vor dem Bahnhof, weil sie die Propaganda-Superlative als Zwecklügen entlarvt hatten und sich ein Bild davon machen wollten, ob noch Züge einträfen oder ihre Ausgrenzung schon vollzogen sei. Gab es noch Ankommende oder Abreisende, dann war auf diesem Weg die Flucht noch möglich.

Nach Berlin zu kommen - so war zu hören - sei aussichtslos, weil sich Ströme von Fluchtwilligen auf allen möglichen Beförderungsmitteln aus der Stadt ergossen, während andere versuchten, in sie hineinzugelangen. In vielen Ortsteilen der Reichshauptstadt sei die Schlacht voller Heftigkeit entbrannt. Berlin sei umzingelt und die Havel bereits von den Russen überschritten worden.

Ratlos und unschlüssig standen wir zwischen den Menschen. Eine ältere Dame sagte verzweifelnd: „Ende unserer Flucht, vergebens alle Strapazen, wozu noch weitertrecken und wohin?" Andere stimmten ihr zu. Viele dieser Flüchtlingsschicksale würden sich hier vollenden.

Die Frauen, gelähmt im Banne ihrer Vorahnungen, vergewaltigt oder umgebracht zu werden, wussten es zuerst. Die Männer zeigten Fassung. Optimisten rechneten mit Verbannung nach Sibirien, Pes-

simisten mit ihrem Tod durch Erschießen. Mord. Totschlag. Verge-
waltigung. Umerziehung.

24. April 1945. Königs Wusterhausen. Endstation vieler Hoffnungen.

*

Die Ankunft einer Fahrzeugkolonne veränderte das Straßenbild.
Panzerspähwagen, Militärfahrzeuge mit aufmontierten Maschinen-
gewehren, Limousinen, Motorradeskorte vor einer Nobelkarosse
mit aufgeklapptem Verdeck. Der Konvoi stoppte vor dem Bahnhof.
Unteroffiziere flitzten nach hinten, Offiziere entsprangen ihren
Fahrzeugen, bildeten Spalier, nahmen Haltung an, salutierten. Von
Stabsoffizieren umgeben, entstieg dem Mercedes ein General. Gol-
denes Eichenlaub auf roten Kragenspiegeln. Tressen und Litzen.
Unter dem Ritterkreuz reihenweise Ordensschnallen. Die unnach-
ahmliche Arroganz wurde eindrucksvoll durch steife Kopf- und
Schulterhaltung sowie dekadent-abgehackte Bewegungen unterstri-
chen. Sie war das Produkt nationalkonservativer preußischer Kadet-
tenerziehung und adliger Abstammung.

Der General war alt. Er hatte einen schleppenden Tonfall. Trotzdem verfügte er über eine kräftige Befehlsstimme. Leicht krächzend
rief er: „Soldaten, ihr habt getreu eurem Eid weiterzukämpfen. Ihr
habt den eigenen Boden, die eigene Heimat und die eigenen Fami-
lien mit Heldenmut zu verteidigen. Getreu dem Führerwort *„Berlin
bleibt deutsch, Wien wird wieder deutsch und Europa niemals
russisch!"*

Die Bravorufe und das Händeklatschen beschränkten sich auf
SA-Leute und eine Gruppe in brauner Kluft. Der Szenenapplaus
blieb dünn und wirkungslos. Der hochnäsige General hatte der
Menge ein kurzes Schauspiel geboten. Sein Auftritt hatte gezeigt,
dass Hurrapatriotismus und markige Endsiegparolen kein Echo
mehr fanden. Der General stelzte zu seinem Mercedes und entbot
den Führergruß. Dieser blieb ohne Reaktion, weil die Braununifor-
mierten bereits untergetaucht waren. Das Schweigen glich einer De-

102

monstration der Verachtung. Den hohen Militärs war inzwischen die Basis abhanden gekommen. Sie wollten es nicht wahrhaben.

Der General nickte seinem Adjutanten kurz zu. Dem Abfahrtszeichen folgten die Kommandos für die Eskorte und das Aufheulen der Motoren. Der Militärkonvoi setzte sich in Bewegung.

Die Menschen gingen nicht auseinander. Aus der Bahnhofstraße strömten ständig weitere hinzu. Sie blieben zusammen und warteten. Es war nicht mehr so wichtig, wann die Russen eintreffen würden. Ob in einer Stunde oder erst am nächsten Tag. Sie mochten kommen oder sich dafür noch Zeit lassen. Widerstand brauchten sie nicht mehr zu befürchten. Das Militär und die NSDAP hatten das Feld geräumt. Eine 1944 am Güterbahnhof errichtete „Außenstelle für Juden und Polen" war zwei Tage zuvor von der SS aufgelöst worden. Die Häftlinge habe man über Nacht mit unbekanntem Ziel weggebracht, hieß es.

Noch immer befanden wir uns inmitten einer Mauer angstvoller Frauen und Männer. Jeder von ihnen hatte seinen Preis schon entrichtet: Bombennächte mit den Zerstörungen ihrer Städte die im Westen, Vertreibung aus der Heimat die im Osten.

Die Menschen neben und um uns waren erfüllt mit dunklen Ahnungen von unabwendbarem Leid. Sie würden sich auf eine neue Identität besinnen müssen. Auf die der Besiegten. Es war nicht absehbar, was den Verlierern aufgebürdet würde.

Ihre Solidarität in dieser Stunde Null nahm den Menschen etwas von ihren Ängsten. Sie vermittelte Zuversicht und bewirkte Aktion. Vor aller Augen vollzog sich bislang unvorstellbar Frevelhaftes: hakenkreuzverzierte Transparente wurden heruntergerissen und zerfetzt. Aus einigen Fenstern lugten weiße Tücher.

In Königs Wusterhausen konnten Nazilieder und Schlachtgesänge nicht mehr angestimmt werden. Eine „Dolchstoßlegende", die Besiegte nachträglich zu Siegern erklärt, stand nicht zu befürchten. Knapp 48 Stunden blieb die kleine Stadt zwischen den Fronten. Als die Rote Armee am 26. April in Königs Wusterhausen einmarschierte, zählte die Stadt mit ihren Flüchtlingen 9 000 Einwohner.

*

Wir hatten es eilig, die Stadt zu verlassen, bevor ein Sowjetgeneral im Königlichen Jagdschloss residierte. Hinter Ragow stießen wir auf abgeräumte Straßensperren. Nirgends war etwas von gefechtsbereiten deutschen Kampfgruppen zu entdecken. Die Forsythien waren schon verblüht, aber die Straße hatte ein festliches Frühlingskleid angelegt. Sie versprach Frieden und machte uns zu zuversichtlich ausschreitenden Heimkehrern.

Blitzschnell wurden wir aus der Oase friedlicher Träume gerissen. Aus dem heiteren Himmel tauchten amerikanische Tiefflieger auf. Sie kamen aus Richtung Groß Kienitz und zersiebten mit MG-Garben, was sich auf der Straße bewegte. Sekunden bevor sie über uns waren, drückten wir unsere Körper in den Straßengraben.

Ein paar Kilometer gingen wir querfeldein. Das brachte uns nicht voran und kostete Zeit. Und die Straße, die uns weder in eine friedvolle Zukunft zu entlassen, noch vom Kriegsgeschehen wegzuführen vermochte, nahm uns wieder auf. Von nun an blieben wir ständig auf der Hut.

Das Grauen hat viele Gesichter. Es schaudert dich, wenn du inmitten von Leichnamen am Maschinengewehr auszuharren hast. Es packt dich, weil du hilflos zusehen musst, wie ein Mensch verblutet. Es schüttelt dich beim Einatmen der Verwesungsgerüche. Du empfandest Mitleid mit den Degradierten, wenn ihnen im Strafbataillon „die große Christenverfolgung" angetan wurde. Dich abzustumpfen haben die Erlebnisse der Front nicht vermocht.

Kurz vor *Mahlow* erreichten wir eine Marschkolonne in grauen Zebraanzügen. Als wir näher herankamen, sahen wir Entsetzliches. In weit auseinandergezogenen Reihen stolperten und taumelten die Menschen an uns vorbei. Sie schienen nichts mehr wahrzunehmen. Zerlumpt, hinfällig, Skeletten gleich schlurften sie vor sich hin. Ganz tot sahen sie aus. Wie Mumien. Die SS-Bewacher waren mit Pistolen und Peitschen bewaffnet. Sie trieben die von Hunger und

Elend gezeichneten Gestalten zur Eile an. „Wer nicht mehr kann, wird sofort erschossen!"

Den unmenschlichen Treibern ging es zu langsam. Hastig und brutal schlugen sie auf hautumspannte Skelette und Totenköpfe ein. Ein Geisterzug. Vor dem lieblichen Tod im Vorhof der Hölle.

Todesmarsch der Juden im April 1945. Zeichnung: W. Szepansky

Wo kam er her, und wohin würde er führen? Es war, als hätten die Hospitäler ihre Krebsstationen aufgelöst und die Todgeweihten auf die Straßen werfen lassen, damit sie, vom Teufel gejagt, selbst zum Friedhof fänden.

Der Todesmarsch der Juden. Diese Begegnung hat sich mir eingebrannt.

Stumm gingen wir nebeneinander. Der Tod war uns vertraut. Doch hatten wir nun einer anderen Variante ins Antlitz geschaut. Uns erfüllte das Mitgefühl mit den Verlorenen und der Ekel vor ihren Aufsehern. Wir waren den Tätern und ihren Opfern begegnet. Nie mehr würden wir behaupten dürfen, von NS-Verbrechen nichts bemerkt zu haben. Zu sagen, dass man nichts tun konnte, war zu einfach. Hatte man sich mitschuldig gemacht, weil man kein Held war?

*

Wir waren frei. Uns ergriff ein Gefühl der Dankbarkeit. In Mahlow kehrten die Lebensgeister zurück. Hunger stellte sich ein. Nichts zu essen, nichts zu rauchen; es galt, etwas zu organisieren. Keine Reaktionen auf das Klopfen an geschlossenen Ladengeschäften. Endlich das Erfolgserlebnis. Eine beherzte Bäckersfrau steckte uns reichlich Brot zu. Fritz brachte zwar keine Zigaretten, dafür aber die wichtige Nachricht mit, dass der S-Bahn-Verkehr von Mahlow nach Berlin noch nicht eingestellt worden sei. Ein Kuriosum, wenn man bedachte, dass sich große Teile der deutschen Hauptstadt bereits unter dem Banner des Sowjetsterns befanden.

Wir lösten Karten nach Spandau. Denn alle Schienenstränge und Straßen nach Leipzig führten westwärts. Das war folgerichtig, weil sich die russischen Besetzungen bisher auf die östlichen und nördlichen Stadtteile Berlins bezogen. Nur Südwesten und Westen boten noch Fluchtmöglichkeiten.

Die Götter meinten es gut mit uns. Das Rattern unter den Füßen war wie Musik. Für eine Weile waren alle Probleme vergessen, die uns wegen der fehlenden Wundversorgung auferlegt waren. Fritz plagte sich zusätzlich mit einem gemeinen Juckreiz, weil sein Verband stark von Läusen befallen war.

Trotzdem befand er sich in aufgelockerter Stimmung und summte ein Lied vor sich hin. Wir freuten uns über jede Station, die wir passierten. Der Umsteigebahnhof für die U-Bahn war die Yorckstraße. Eine Militärkontrolle prüfte die Ausweise. Nach kurzen Blicken auf unsere durchbluteten Verbände winkte man uns, durchzugehen. In Charlottenburg beobachteten wir, wie Volkssturmmänner und Hitlerjungen in eine gräbendurchzogene Auffanglinie eingewiesen wurden. Wir verließen die U-Bahn an ihrer Endstation Rathaus Spandau.

In der Hauptstadt

Das Stadtbild von Spandau widerspiegelte die immer bedrohlicher werdende Lage. Die auf Einkesselung der Reichshauptstadt ausgerichtete Strategie der sowjetischen Streitkräfte schien dicht vor ihrer Verwirklichung zu stehen.

Hier schien sich die Bevölkerung schon auf das Ende des Krieges vorzubereiten. Schicksalsergeben standen die Menschen vor den Lebensmittelgeschäften, um für die bevorstehende Belagerung noch etwas Essbares zu erlangen. Auffallend war das Fehlen brauner Uniformen. Das ständige Rumoren des entfernten Geschützdonners verbreitete Teilnahmslosigkeit. Sobald dieses Grollen vom Überfluglärm eines Luftverbandes übertönt wurde, zerstoben die Anstehenden, um sich wenig später wieder in disziplinierte Warteschlangen zu verwandeln.

Fritz und ich befanden uns im Niemandsland der Zuständigkeiten. Was war zu tun, um an Lebensmittelkarten heranzukommen?

Ich sprach zwei Damen mit der Bitte an, uns bei der Suche nach einem Nachtquartier behilflich zu sein. „Wenn Sie sich mit einer Couch im Wohnzimmer und einer einfachen Liege begnügen, können Sie gern bei uns übernachten", antwortete die Ältere der beiden. Erleichtert folgten wir den Frauen in deren nahegelegene Hochparterrewohnung. Uns empfing die wohltuende Atmosphäre einer gepflegten Einrichtung mit schönen Stuckarbeiten unter hohen Deckengewölben. Die Fenster gaben den Blick frei auf eine breite, von Militärfahrzeugen belebte Straße.

Die „Verarztung" erfolgte im Badezimmer. Geschickte Hände reinigten vorsichtig unsere Wunden. Fritz wurde endlich von seinen Läusen befreit. Die neuen Verbände saßen fest. Sie waren von erfrischender Sauberkeit und rochen gut. Unsere selbstsicheren Gastgeberinnen waren Schwestern. Die mit einem Major verheiratete sehr charmante Ältere mochte um die Dreißig sein. Die aparte Erscheinung der Jüngeren war von hinreißender Attraktivität.

Die Damen verschwanden in der Küche. Wir sollten inzwischen etwas lesen. Nach den langen Wochen ohne Zeitungen war uns auch der Völkische Beobachter recht.

Unter dem 23. April war zu lesen:

General der Panzertruppen Jauer, Kommandierender General des Panzerkorps „ Großdeutschland", fasste alle Truppen zusammen und unterstellte sie seinem Kommando. Die Kampftruppen der 20. Panzerarmee, der Panzerdivision „Hermann Göring" und der Sturmgeschützbrigade 300 stießen schwungvoll nach Norden, befreiten Weißenburg und gelangten sogar noch ein paar Kilometer darüber hinaus. Die 20. Panzerdivision drehte nach Nordwesten ein und konnte in einem harten und verlustreichen Gefecht die Russen aus Bautzen werfen.

Was mochte aus Friedrichs geworden sein? Aus Margarete und meinem Spieß?

Nach Gelächter und geschäftigem Treiben in der Küche wurden die Stullen hereingebracht. „Hol den Wein, sonst trinken ihn morgen vielleicht schon die Russen", rief die Offiziersfrau ihrer Schwester zu. Bald standen die verstaubten Flaschen vor uns.

Der Wein erzeugte Melancholie. Die letzte Nachricht ihres Mannes liege Monate zurück. Sie stamme noch aus dem ehemaligen Führerhauptquartier *Wolfsschanze*. Konnte der Major zu den Verschwörern des 20. Juli 1944 gehört haben? Entschieden nein. Das sei völlig undenkbar. Da hätte es auch Verhöre gegeben.

Fotos wurden gezeigt. Es flossen ein paar Tränen. Die Verzweifelte wurde liebevoll von ihrer Schwester in den Arm genommen. „Hab Geduld, er kommt bestimmt zurück!" Die trübe Stimmung verflog. Und es ging uns an diesem Abend so gut, dass wir unser Glück kaum fassen konnten. Fritz, vom Genuss des Weines müde geworden, bat, sich zurückziehen zu dürfen.

Die Nacht wurde unruhiger. Dem Gejaule der Raketenwerfer folgte in kurzen Abständen das Krachen der Einschläge. Vielleicht stammte der Gefechtslärm schon von Häuserkämpfen in Spandau.

Jedes Mal, wenn draußen für kurze Momente Stille eintrat, waren hinter uns die gleichmäßigen Atemzüge von Fritz vernehmbar.

Wir rückten die Sessel vor das Fenster und beobachteten das nächtliche Wetterleuchten des Krieges. Worte waren überflüssig. Wozu auch Fragen nach dem Woher und Wohin. Wir saßen einfach nur da, eng aneinandergepresst, spürten unsere Körper und waren aller Ängste entrückt.

Endzeitstimmung. Zu wissen, dass jede Stunde deine letzte sein kann. In Dankbarkeit das Glück zu begreifen, dass du noch lebst. Die Zärtlichkeit neu zu entdecken und dich bei dem Gedanken zu ertappen, dass du ihr gern ins Schlafzimmer folgen würdest.

Panzer rasselten auf ihren Ketten vorbei. Die Dunkelheit verbarg, ob es die letzten deutschen oder die ersten russischen waren. Es war egal. Überwunden durch menschliche Nähe und körperliche Wärme. Und als sie, den Kopf an meine Schulter gelehnt, eingeschlafen war, hatte meine Verzauberung dieser Nacht ihren Schrecken genommen.

Mittwoch, 25. April 1945, 6.00 Uhr. Der Deutschlandsender verbreitet ununterbrochen den Aufruf des Reichsverteidigungskommissars J. Goebbels vom 23. April:

Unsere Heimatstadt Berlin ist Frontstadt geworden.

Alle zur Verteidigung der Hauptstadt eingesetzten Soldaten und Volkssturmmänner haben die ihnen befohlenen Plätze zu besetzen und nehmen, sobald sowjetische Truppen oder Panzer sich zeigen, sofort den Kampf auf Kämpft um Eure Stadt. Kämpft mit letzter Verbissenheit um Eure Frauen und Eure Kinder, um Eure Mütter und Eure Eltern. Ihr setzt das Leben für eine gute Sache ein. Alles, was uns lebenswert erschien, und all die Generationen, die nach uns kommen werden, all die verteidigt Ihr mit Euren Waffen.

BBC London meldete:

Berlin ist eingeschlossen. Im Westen kann nur noch die Straße nach Nauen von deutschen Truppen offengehalten werden.

Flucht ist Durchreise; ein ständiges Abschiednehmen. Du suchtest nach einem Ausweg und sprachst eine Frau an, die dir gefiel. Sie hat deinem Freund und dir geholfen. Ihre Schwester mochte dich. Das darfst du mitnehmen. Vielleicht bleibt auch von dir etwas zurück.

Weiter geht's über Nauen nach Rathenow

Ein hastiges Frühstück. Die Zeit drängte. Bevor der letzte Ausweg aus Berlin verschlossen wurde, mussten wir noch nach Nauen entkommen. Abschiedsumarmung an der Haustür. Gedanken, die nicht ausgesprochen werden durften. Fritz sagte: „Komm bitte, Werner!" Es klang sehr höflich, war aber eine unmissverständliche Aufforderung. Taktlose Bemerkungen waren von meinem stets kontrollierten Begleiter nicht zu befürchten.

Ein Wehrmachtstankwagen stand in der Nähe des Spandauer Rathauses; sein tuckernder Motor signalisierte Abfahrtsbereitschaft. Der Fahrer war schnell damit einverstanden, uns mitzunehmen. Wir mussten seitwärts hochklettern, da im Fahrerhaus keine Plätze mehr frei waren. Beim Aufsteigen waren die Verbände sehr hinderlich. Als sich das Fahrzeug in Bewegung setzte, konnten wir uns nur mühevoll an den Verstrebungen festklammern. Einem Feldwebel gelang es, sich zu uns hochzuschwingen. Mit dem unbehaglichen Gefühl, jedem Tieflieger ein treffsicheres Ziel anzubieten, hockten wir obenauf.

Während der ersten Kilometer wurde ein normales Tempo eingehalten. Nach Passieren der letzten Häuserzeilen tauchten südlich der Fahrtrichtung Felder auf, die von Schützengräben durchzogen waren. Reichsarbeitsdienst- und Volkssturmmänner hielten die Linien besetzt. Beim Anblick unseres Tankwagens sprangen sie gestikulierend auf. Dann schossen sie in die Luft. Sie wollten uns klarmachen, dass wir die letzten deutschen Verteidigungsstellungen verließen und geradewegs in das Niemandsland zwischen den Fronten hineinstießen.

Die Reaktion unseres Fahrers bestand darin, den Gashebel durchzudrücken. ‚Angriff ist die beste Verteidigung‘, schien er zu denken. Was mochte in seinem Kopf vorgehen? Das war kein Galoppritt zur Attacke auf einem edlen Pferd. Es galt vielmehr, ein schwerfälliges, mit Explosivstoffen beladenes Fahrzeug vorsichtig zu steuern. Beginn einer Wahnsinnsfahrt. Zielrichtung Nauen.

Wir mussten alle Energie und Kraft aufwenden, um nicht vom Fahrzeug geschleudert zu werden. Gegenstemmen und versuchen, sich mit der gesunden Hand festzuklammern. „Der muss verrückt geworden sein, der wird uns umbringen!" schrie der Feldwebel. Doch der Tankwagen raste weiter über die zerschossene Straße. Ohne Erbarmen wurden wir durchgerüttelt. Eine endlos erscheinende Zeit. Das Auftauchen eines Ortsschildes beendete die Vollgasorgie. Endlich ging die Schlaglochfahrt in ein erträgliches Holpern über.

Mit reduzierter Geschwindigkeit fuhren wir durch die Spandauer Straße nach Falkensee hinein. Vorbei am Anger. Immer der Hauptstraße folgend bis zum westlichen Stadtrand.

„Da, die Russen!"

Plötzlich sahen wir sie. Infanteristen in gebückter Haltung. Die Gewehre in Vorhalte. Zwischen den ersten Häuserreihen schlichen sie vorsichtig entlang der Zäune. Die Sowjetsoldaten sahen den heranbrausenden Tankwagen im gleichen Augenblick. Sie rissen die Gewehre hoch und begannen zu ballern. Der erschrockene Fahrer machte eine Notbremsung.

Bahnhof Falkensee

Das Fahrzeug war noch in Bewegung, da stürzten wir hinunter, rafften uns auf, rannten los. Liefen um unser Leben weg vom Benzolbehälter. Überwanden einen Lattenzaun und warfen uns in einem Vorgarten zu Boden. Köpfe einziehen, sich ganz klein machen und auf den Herzschlag hören. Das Glück haben, nicht von den niederfallenden Eisenteilen getroffen zu werden.

Dann erfolgte eine gewaltige Explosion.

Es dauerte lange, bis die Geräusche zerberstender Glasscheiben nachließen. Vorsichtig näherten wir uns dem Einfamilienhaus. Eine Tür ließ sich öffnen. Im Halbdunkel des Kellergewölbes fühlten wir uns erst einmal in Sicherheit. „Es ist 11 Uhr", sagte der Feldwebel. Über uns blieb alles still. Obwohl aus dem Haus kein Laut zu uns herunterdrang, waren wir davon überzeugt, dass es Bewohner hatte. MG-Salven und Gewehrschüsse zeigten an, dass in unmittelbarer Nähe noch gekämpft wurde. Der Gefechtslärm entfernte sich erst am späten Nachmittag. Gegen Abend vernahmen wir russisch sprechende Stimmen. Sowjetsoldaten betraten das Haus. Gesprächsfetzen waren zu vernehmen. Die Patrouille verließ das Haus nach kurzer Zeit.

Ich fand eine Mappe von Heinrich Zille. Sie enthielt satirisch-bissige Darstellungen des proletarischen Lebens in den Vororten Berlins. Es waren milieuverbundene Zeichnungen von starker Ausdruckskraft, wie ich sie vorher noch nie gesehen hatte.

Am Abend machten wir uns durch Klopfen bemerkbar. Längere Zeit rührte sich nichts. Dann fragte eine ängstliche Stimme, wer sich da unten befände. Schließlich stieg ein älteres Ehepaar zu uns herunter. Nein, über Nacht dürften wir nicht bleiben. Das Haus sei beschlagnahmt. Ab wann es belegt würde, hätten die sowjetischen Quartiermacher nicht gesagt. Es bedurfte eindringlicher Überredungskunst und des Versprechens, beim Auftauchen sowjetischer Offiziere sofort unauffällig zu verschwinden, um in dieser Nacht und am darauffolgenden Tag im Keller verbleiben zu dürfen.

Am 25. April kam es zur ersten Vereinigung zwischen Sowjets und Amerikanern. Spähtrupps der 58. Gardedivision, die zum Verband der 1. Ukrainischen Heeresgruppe unter Marschall Konew gehörten, stießen an der Elbbrücke von Torgau auf Vorhuten der 69. US-Infanteriedivision, die unter dem Befehl der 12. Amerikanischen Armeegruppe des Generals Bradley stand. Die Stadt Potsdam war inzwischen völlig eingeschlossen. Die Tage des Dritten Reiches waren gezählt.

Der 26. April begann, wie der 25. aufgehört hatte: in absoluter Ungewissheit über seinen Verlauf. Die Stunden verstrichen ohne besondere Vorkommnisse. Der Feldwebel blieb darauf bedacht, seine Worte auf das Notwendigste zu beschränken. Auch während seiner Wache beteiligte er sich nicht an unseren Gesprächen. Ein in sich gekehrter, alle Kontakte meidender, sehr merkwürdiger Mann.

Draußen musste sich einiges verändert haben. Durch die zersprungenen Scheiben der Kellerfenster ließ sich nicht viel erkennen. Oft schreckten wir zusammen, weil in unmittelbarer Nähe Artilleriegeschosse abgefeuert wurden. Gegen Mittag brachte uns die Frau einen Trog Suppe herunter. Das Gesicht zeigte Abwehr; es spiegelte tausend Ängste. Ihr Mann kam erst am Abend. In Falkensee sei ein russischer Divisionsgefechtsstand errichtet worden. Überall hingen Plakate mit einem Aufruf, der es den Bewohnern bei Androhung der Todesstrafe untersagte, deutsche Soldaten zu verbergen. Beinahe flehend sagte der Mann: „Wenn man Sie bei uns findet, wird man meine Frau und mich erschießen!" Und er fügte hinzu: „Sie bringen uns in höchste Gefahr, bitte verlassen Sie mein Haus!"

Wir verabschiedeten uns gegen 23 Uhr. Geduckt, um jeder Begegnung ausweichen zu können, schlichen wir zu der zwischen Waldheim und Finkenkrug verlaufenden Straße. Es erwartete uns eine harte Geduldsprobe. An uns vorbei zogen in langen Kolonnen die bespannten Einheiten eines sowjetischen Wagenparks. Sie versorgten die kämpfende Truppe mit Munition und Verpflegung. Das Pferdegetrampel der Nachschubeinheiten schien kein Ende zu nehmen. Endlich tat sich eine Lücke im Tross auf. Beherzt sprangen wir über die Straße. Drüben verschwanden wir rasch im Wald- und Buschgelände.

Plötzlich stießen wir auf eine Artilleriestellung. Vor den Geschützen lagen schlafende Kanoniere. Sie kamen so überraschend in unser Blickfeld, dass wir erschraken. Unbemerkt konnten wir uns zurückziehen. Die Dunkelheit erschwerte die Orientierung. Der Feldwebel erbat meinen Taschenkompass. Er wolle das Gelände begehen, um einen sicheren Pfad ausfindig zu machen. In guter Tarnung und völlig arglos warteten wir auf seine Rückkehr. Erst nach Ablauf einer Stunde begriffen wir, dass sich der Feldwebel mit meinem Kompass aus dem Staube gemacht hatte. Dieser unkameradschaftliche Typ musste sich größere Chancen ausgerechnet haben, als Einzelgänger durchzukommen.

Mein Kompass war in dieser Situation von unschätzbarem Wert. Ohne dieses wichtige Gerät ziemlich hilflos, kehrten wir enttäuscht zurück zu dem Haus, das uns knapp zwei Tage Unterschlupf gewährt hatte. Auf leises Klopfen erfolgte keine Reaktion. Auch nach lauterem Rufen blieb uns der Einlass verwehrt. Als wir nicht aufgeben wollten, trieben uns kräftige Männerflüche in die Flucht.

Wir stiefelten Richtung Ortsmitte Falkensee. Mitternacht war längst vorbei. Jeder in seinen Gedanken, gemeinsam im Stimmungstief.

Ein Motorrad überholte uns. Der Fahrer sah uns, drehte seine Maschine um und hielt vor uns an. Dann fummelte er mit seinem Gewehr vor unseren Nasen herum. Vom Hintersitz sprang ein Mädchen ab. Die in russischer Sprache gestellten Fragen verstanden wir nicht.

Der Soldat sah den Ehering. Sofort umklammerte er meine Hand und versuchte ihn abzuziehen.

Ich sträubte mich heftig und ballte die Hand zur Faust. Dem Mädchen missfiel die Szene. Es redete so lange beschwörend auf den Soldaten ein, bis dieser sein Vorhaben abrupt aufgab.

Zu unserer Verblüffung zog er eine Wurst aus seiner Tasche und warf sie Fritz zu. Dann zeigte er auf ein Haus und rief: „Dawai, dawai, schlafen!" Das Mädchen, das wir für eine in der Landwirtschaft beschäftigte Polin hielten, übersetzte uns, dass wir Gefangene wären und uns am kommenden Tag in der sowjetischen *Komendatura* zu melden hätten. Die befinde sich im Rathaus. Nach kurzem Aufheulen des Motors zeigte ein leiser werdendes Knattern, dass die Situation vorerst bereinigt war.

Das Haus hatte zwei Wohnungen. Eine im Parterre, die andere im oberen Stockwerk. Zunächst harrten wir der Dinge im dunklen Hausflur. Alles blieb still. Wir setzten uns auf eine knarrende Holztreppe; vor Übermüdung schliefen wir sofort ein.

Taghell war es, als wir erwachten. Draußen schien die Sonne. Erst auf wiederholtes Klopfen öffnete sich eine Tür. Eine gebrechliche ältere Frau hörte sich gleichgültig die Schilderung unserer Lage an. Sie meinte, dass auch sie nicht wüsste, was ihr bevorstünde.

Wir hinterließen unsere Heimatadressen und baten eindringlich, sobald es möglich sei, unsere Angehörigen zu benachrichtigen, dass wir auf dem Weg zu ihnen am 27. April bis Falkensee gekommen wären.

Beim Betreten der Straße schraken wir vor kehligen Lauten zurück. Angetrieben von Sowjetsoldaten zogen deutsche Wehrmachtsangehörige in langen Reihen an uns vorbei in sowjetische Gefangenschaft. Das Schweigen der Marschkolonnen und die gesenkten Köpfe drückten tiefe Resignation aus. Wie lange noch würden wir uns diesem Schicksal entziehen können?

Das Zentrum von Falkensee war von Zerstörungen verschont geblieben. Es entsprach nicht den Vorstellungen einer mit Nachschubaufgaben betrauten geruhsamen Etappe. Überall herrschte nervöses Treiben. Fieberhafte Aufregung durchpulste den Schauplatz, Peitschen knallten über Pferderücken. Wild hupende Militärfahrzeuge durchquerten rücksichtslos die marschierenden Infanterieeinheiten.

Rotarmistinnen regelten den Verkehr auf den Straßenkreuzungen. Mit abgehackten Bewegungen schwenkten sie ihre kleinen Flaggen. Dabei drückten sie die Rücken durch, so dass die Orden über ihren Brüsten wippten. Aufgrund ihrer militärischen Ränge übten die Frauen eine zackige Befehlsgewalt aus. Fritz zeigte sich davon sehr beeindruckt.

Es waren auch deutsche Zivilisten mit weißen Armbinden zu sehen, die Hilfsdienste leisten mussten. Für mich war es wie das Aufgehen eines Vorhanges vor einer geheimnisvollen Bühne. In Russland hatte ich an vielen Kampfabschnitten auf die feindlichen Stellungen gestarrt und mir auszumalen versucht, wie es hinter ihnen aussehen könnte. Das galt besonders für jenen Tag im August 1942, an dem mein späterer Schwager Hermann Gretfeld nordwestlich von Bolschow, in unmittelbarer Nähe von mir, in Gefangenschaft geriet. Nun durfte ich hinter die Kulissen schauen; es war der Blick in eine fremde Welt. Das Rathaus bot ein Bild der Verwahrlosung. Auf dem Boden verstreute Aktenordner und umgestürzte Stühle ließen auf panische Flucht schließen. Russische Fremdarbeiter standen unschlüssig herum. Ihre Haltung zeigte Resignation. Sie waren sich bewusst, angeklagt und unbarmherzig dafür bestraft zu werden, dass sie in Rüstungsbetrieben gearbeitet hatten.

Die Komendatura war noch nicht besetzt. In einem Büro fand sich ein guterhaltenes Herrenjackett. Fritz war elektrisiert: „Warte auf mich, vielleicht kann ich Zivilkleidung organisieren." Bevor ich antworten konnte, hatte er sich schon auf den Weg gemacht. Was er heranschleppte, verschlug mir den Atem; das waren kostbare Geschenke. Eine Jacke, eine Windbluse, zwei Hosen und zwei Hemden. Fast den gesamten Kleiderschrank ihres Mannes hatte eine mitleidige Kriegerwitwe für uns ausgeräumt. Unterwegs war Fritz polnischen Hilfspolizisten so verdächtig vorgekommen, dass sie einen sowjetischen Militärposten alarmierten. Ein Glück, dass sich mein Kamerad rechtzeitig davonmachen konnte.

Sollten wir uns von den Soldbüchern trennen? Diese Frage hatte einen bedeutsamen Hintergrund. Uniform und Soldbuch gaben dem Soldaten ein Recht auf Gefangennahme. In Zivilkleidern als „Franktireur" aufgegriffen, konnte er sofort standrechtlich erschossen werden. Auf der Hut sein mussten wir auch vor Mitgliedern einer fanatischen Organisation, die nach Kriegsende mit brutalen Mitteln jede Zusammenarbeit zwischen Deutschen und Siegermächten zu verhindern suchte. Sie nannte sich *Werwolf*. Karl Oppenhoff, ein nach der Einnahme Aachens von den Amerikanern eingesetzter Bürgermeister, war am 25. März von „Werwölfen der Hitlerjugend" umgebracht worden. Wer ohne Ausweis angetroffen wurde, durfte an die Wand gestellt werden.

Nach kurzer Beratung vernichteten wir unsere Soldbücher. Kriege haben ihre eigenen Gesetze. Bedrohung bestand ringsum. Was konnte es da schon bringen, auf halbem Wege stehenzubleiben?

Wir zogen uns um. Obwohl sich sein Verband nicht in den Jackenärmel zwängen ließ, bewahrte Fritz Haltung. Mit der Windbluse kam er gut zurecht. Ich zupfte so lange an mir herum, bis ausreichend Spielraum gegeben war, die verbundene Hand zu verbergen. Lange würde sich die Erneuerung unserer Verbände nicht mehr hinausschieben lassen. Endlich waren wir zwei ordentlich angezogene junge Männer. Neben Kleidung braucht der Mensch aber auch Nahrung. Die Geschäfte blieben geschlossen. Und vor den Fenstern der meisten Häuser waren die Verdunklungsrollos heruntergelassen worden.

Die Nacht vom 27. auf den 28. April verbrachten wir in der Dachkammer eines Einfamilienhauses. Wir blickten auf die unzerstörten Gebäude der Nachbargrundstücke hinunter in die Idylle einer gepflegten Gartenstadt. Die Ausgangssperre wurde pünktlich eingehalten. Alle Straßen blieben menschenleer.

Vom Osten war uns die Front nachgerückt. Das Grollen der Geschütze näherte sich. Der Stadtkern von Berlin war bedroht. An seinen Rändern tobten Häuserkämpfe. Charlottenburg hatten die Sowjets fast eingenommen. Unverändert blieben die Lichtsignale des nächtlichen Himmels. Sie wiesen nach Spandau. Dort verteidigten noch ein paar Widerstandsnester strategisch wichtige Stellungen. Spandau. 4 Tage nur lagen dazwischen.

Wir hatten versprochen, die Dachkammer nicht zu verlassen. Das war uns abverlangt worden, bevor man uns aufnahm. Das Gesicht des Mannes war wie ein heiteres Lesebuch. Die Falten strahlten Zuversicht aus. Da war ein Mensch, dem man sich anvertrauen konnte. Einer, der schon Bescheid wusste, noch ehe man sich offenbart hatte. „Das kriegen wir schon hin", war seine ständige Rede. Die Ehefrau verhielt sich reservierter, wenn sie uns etwas nach oben brachte.

Oft fuhren sowjetische Militärfahrzeuge vor. Soldaten und Zivilpersonen betraten das Haus. Wortfetzen und Gelächter drangen herauf. Uns wurden Rätsel aufgegeben. Wer war unser Hausherr? Ein von den Russen befreiter Kommunist? Diente er den Sowjets als Anlaufstelle für die Errichtung einer Zivilverwaltung? Oder als Agent? Würde eine Vertrauensperson der Besatzer deutsche Soldaten verstecken? Eine unrealistische Vorstellung. Wir beließen es bei Vermutungen. Aber manchmal sind auch unvorstellbare Geschichten wirklich geschehen. Nach allem, was wir bisher erlebt hatten, durften wir unserem Helfer dankbar sein.

Die Dachkammer diente uns zwei Tage als sicheres Versteck. Das merkwürdige Treiben in den Räumen unter uns verstärkte sich. Immer häufiger wurde das Haus von Ordonnanzen und Offizieren betreten und in großer Eile wieder verlassen. Vielleicht stand die Aufregung der Militärs im Zusammenhang mit dem sich stündlich steigernden Geschützdonner.

An diesem 29. April hatte der drei Tage zuvor von der deutschen 12. Armee begonnene letzte Angriff des Zweiten Weltkrieges in Europa die Verbindung zur Besatzung Potsdams herstellen können. Gleichzeitig begann ein Entsatzvorstoß aus dem Raum Fehrbellin- -Nauen-Rathenow in Richtung auf das von der Roten Armee eingeschlossene Berlin.

Die 12. Armee, dieser aus Hitlerjugend und Reichsarbeitsdienst neu zusammengestellte letzte Kampfverband aus Halbwüchsigen und Kindersoldaten, stand unter dem Befehl des Generals Walter Wenk.

Die Bitte unseres Gastgebers, sein Haus zu verlassen, blieb verständlich. Wo sollten wir hin? Das sei kein Problem, eine Unterkunft für uns sei schon gefunden, wurden wir beruhigt. Unser freundlicher Hauswirt brachte uns zu einer kleinen Siedlung. Die aus Fertigteilen errichteten winzigen Behelfsheime sahen noch neu aus. Sie waren für Ausgebombte bestimmt. Zunächst sollten wir in zwei leerstehenden Räumen bleiben.

Ein hilfsbereiter Mensch verabschiedete sich aus unserem Leben. Danke! Dem herzlichen Händedruck folgte ein kurzes Nachwinken.

Unsere Nachbarn waren zumeist Großstädter, deren Wohnungen durch Luftangriffe zerstört worden waren. Diese Evakuierten fühlten sich auf dem Lande nicht wohl. Ihnen nach Möglichkeit aus dem Wege zu gehen, empfahl sich aus Sicherheitsgründen.

Gleich nebenan lebten in einer Laubenkolonie Ausländer verschiedener Nationalitäten. Sie waren von den Russen befreit worden. Da ging es hoch her mit Wein, Weib und Gesang. Fritz fand rasch Kontakt zu einigen Holländern. Denen hätten wir nicht lange etwas vormachen können. Es konnte nicht ausbleiben, dass sie unsere Verbände entdeckten. Als wir uns als ehemalige deutsche Soldaten zu erkennen gaben, verhielten sie sich unverändert freundlich. Die Holländer verfügten über größere Kartoffel- und Tabakvorräte. Sie gaben uns großzügig davon ab. Jederzeit waren wir ihnen willkommen. Das war alles andere als selbstverständlich. Einen von ihnen hatte man in seinem besetzten Heimatland nach einem Kinobesuch abgefangen. Die anderen waren von der Straße weg zwangsverpflichtet worden. Sie mussten in der Rüstungsindustrie arbeiten. Man hatte ihnen keine Gelegenheit gegeben, ihre Angehörigen darüber zu informieren, dass sie nach Deutschland gebracht wurden.

Ihre Befreiung verdankten sie den Sowjets. Nach der Eroberung der Auto-Union-Werke Berlin-Spandau durften sich die Holländer auf den Heimweg begeben. Als wir ihnen erzählten, dass wir uns ohne Ausweise durchschlagen müssten, reagierten zwei von ihnen spontan. Sie schenkten uns ihre Auto-Union-Werksausweise. Fritz trug nun den Namen Piet Van Jan; ich hieß jetzt Gerard Van Spronsen.

Unbemerkt von den Nachbarn in der kleinen Siedlung zu leben, erwies sich bald als Illusion. Der Zustand unserer Verletzungen zwang zur Kontaktaufnahme. „Das sieht nicht gut aus", sagte ich zu Fritz, nachdem ich seinen eitergelb eingefärbten Verband abgewickelt hatte. Gestank kroch auch aus den Mullbinden meiner Handumwicklung. Eine Nachbarin machte uns neue Verbände. Ohne Wund- und Salbenbehandlung suppten die aber schnell durch und verbreiteten rasch wieder einen penetranten Geruch.

Ein Ehepaar aus dem Nebenhaus fand Gefallen an Fritz, weil er große Ähnlichkeit mit einem gleichaltrigen Sohn aufwies. Bei der Durchsicht des Familienalbums entdeckte Fritz ein Lichtbild, das er auf seinem Holländer-Ausweis befestigen konnte. Da ich noch im Besitz eines Passfotos war, besaßen wir nun „echte Pässe". Auf Anraten unserer holländischen Freunde ließen wir uns rotweißblaue Armbinden aufnähen. Unsere Nachbarin musste lange suchen, bis sie die farbigen Stoffreste dafür fand. Äußerlich waren wir nun als Bürger der Niederlande zu erkennen.

Vom 30. April an riskierten wir es, täglich die S-Bahn-Station aufzusuchen. Sie wurde zum Nahziel unserer Hoffnungen. Weil der Fahrbetrieb ruhte, trotteten wir enttäuscht zurück. Erst viel später erfuhren wir, dass Adolf Hitler, der „größte Feldherr aller Zeiten", an diesem Tag Selbstmord begangen hatte.

Anfang Mai zogen die ersten großen Ausländertrecks durch Falkensee. Sie wurden von den Sowjets gestoppt, als der Gefechtslärm wieder näherrückte. Die militärische Lage blieb undurchsichtig. Am Stadtrand wurde mit Leuchtspurmunition geschossen; in den Nachthimmel kehrten die Lichtsignale zurück.

Die ungeduldig auf ihre Heimkehr drängenden Franzosen, Holländer, Belgier und Badoglio-Italiener wurden von den Russen energisch auf Distanz gehalten. Erst nachdem sich die Reste der 12. deutschen Armee in Richtung Elbe zurückzogen und der Widerstand von in der Nähe befindlichen SS-Einheiten gebrochen werden konnte, durften die Ausländertrecks der nach Westen vorrückenden Roten Armee wieder folgen.

Am 4. Mai war es soweit. Überall herrschte Aufbruchsstimmung. Nur unsere holländischen Freunde hatten es nicht eilig. Sie behielten ihre Gelassenheit und ließen sich den Spaß am Kartenspiel nicht nehmen. Unsere Hoffnungen, mit ihnen gemeinsam weiterziehen zu können, erfüllten sich nicht.

*

Abschied. In Falkensee war uns Gutes widerfahren: Ein sowjetischer Soldat nahm uns gefangen und ließ uns entkommen. Eine Frau schenkte uns die Kleidungsstücke ihres gefallenen Mannes. Ein

Kommunist gewährte uns Asyl. Nach Deutschland verschleppte Holländer verhalfen uns zu einer neuen Identität.

Die Reichsstraße Nummer 5 war von Menschen überschwemmt. Westwärts ziehende Kolonnen soweit das Auge reichte. Verbunden durch gleichartige Schicksale marschierten die von den Russen befreiten Kriegsgefangenen und Fremdarbeiter. Die Armbinden mit den Nationalfarben wurden voller Stolz getragen. Sie galten als Ehrenzeichen und waren Symbole, durch die Erniedrigungen und erlittenes Unrecht ausgelöscht werden konnten.

Um der Gefahr zu entgehen, auf holländisch angesprochen zu werden, bewegten wir uns inmitten eines Trupps von Italienern.

Über den Ortsteil Alter Finkenkrug gelangten wir nach Brieselang. Da Fritz starke Schmerzen hatte, mussten wir an der Försterei eine Pause einlegen. Unsere Verbände stanken wie die Pest. Dringend benötigten wir ärztliche Hilfe. Offene Praxen gab es seit Jahren nicht mehr. Lazarette schieden aus, weil jede Behandlung dort zu unserer Gefangennahme geführt hätte. Uns blieb nur die Möglichkeit, ein städtisches Krankenhaus aufzusuchen.

Die Stadt Nauen erreichten wir am späten Nachmittag. Straßen und Plätze waren überfüllt von Nachschub führenden russischen Panjewagen. Weil die Sowjets alle Ausgangsstraßen gesperrt hatten, gab es Anhäufungen aufgeregter Ausländer. Wohin mit den vielen Menschen, wenn die nächtliche Ausgangssperre in Kraft trat?

Es war nicht schwierig, sich zum Hospital durchzufragen. Das Kreiskrankenhaus Nauen erschien uns als verschachteltes Gemäuer aus der Gründerzeit. Durch das imposante Altbauportal begleitete uns ein hilfreicher Zufall. Wir stießen auf einen Arzt, der unsere Situation sofort erfasste. „Kommen Sie mit", sagte er knapp. Er sah sich unsere Schussverletzungen gründlich an und gab Anweisungen für fachgerechte Wundversorgung.

Alter Finkenkrug, Nauen

„Offiziell kann ich Sie nicht aufnehmen, aber Sie sollten noch ein paar Tage hier bleiben", riet er uns. „Es gibt einen unbenutzten Büroraum, in dem Sie sich aufhalten können", fügte er hinzu. Es war wie eine Befreiung. Endlich hatten wir es geschafft, frische Verbände angelegt zu bekommen. Eine Krankenschwester führte uns zum Verbandsraum.

Das Büro lag ziemlich versteckt am Ende eines verwinkelten Korridors. Als wir den Raum betraten, sahen wir zwei Frauen auf einer hölzernen Liege sitzen. Frau Radowitz, eine selbstsichere Dame um die Vierzig, wies uns zwei Hocker an. Sie stellte sich als Diplomatenfrau vor und berichtete, dass es im Krankenhaus neben dem älteren Arzt noch eine junge Assistenzärztin gäbe.

Die Tochter von Frau Radowitz hieß Maria. Sie wollte „Mary" genannt werden und setzte sich, als Fritz in Erscheinung trat, gleich mit großem Augenaufschlag in Pose. Da Fritz nicht reagierte, gab sie die gekünstelte Haltung rasch wieder auf.

Kreiskrankenhaus Nauen

Die Frauen waren aus Potsdam geflüchtet und hatten seit zwei Tagen in diesem Büro Zuflucht gefunden. Anfangs entspann sich eine lebhafte Unterhaltung, bald aber schliefen wir auf den Stühlen ein. Da wir die unbequeme Haltung nicht lange aushalten konnten, streckten wir uns auf dem Fußboden aus.

Grölende Stimmen, lärmendes Gelächter und Stiefelgetrampel auf den Treppen rissen uns jäh aus dem Schlaf. Erschrocken sprangen Mutter und Tochter von ihrer Pritsche. Hilfeschreie und lautes Weinen drangen zu uns herunter. Türen wurden zugeschlagen, Scheiben klirrten. Russische Soldaten waren in die Frauenstation eingedrungen. Das Herz schlägt bis zum Halse, und die Zeit bleibt stehen. Gepolter treppabwärts; wie ein Spuk war alles vorbei. Von oben war kein Laut mehr zu vernehmen. An Einschlafen war nicht mehr zu denken. Unsere Fassungslosigkeit ließ sich nicht verdrängen.

Die unheimliche Stille hielt bis Mittag an. Frau Radowitz fasste sich ein Herz und verließ das Zimmer, um Erkundigungen einzuziehen. Bestürzt kehrte sie zurück. Eine Frau sei aus dem Fenster gesprungen. Die Schwester kam hinzu. Sie sagte tonlos: „Die sind über die Frauen hergefallen und haben keinen Unterschied gemacht zwischen Leicht- und Schwerkranken. Die kannten auch kein Erbarmen mit den Alten."

Maria war ein bezauberndes Mädchen von 17 Jahren. Wurde sie von Fritz angesprochen, war ihr Erröten unübersehbar. Mochte schon sein, dass sie sich ein wenig in ihn verliebt hatte.

Frau Radowitz gefiel uns bei näherem Kennenlernen immer besser. Sie erzählte humorvolle Begebenheiten, die sich in Diplomatenkreisen zugetragen hatten. Da uns die Welt des vornehmen Parketts verschlossen war, beeindruckte uns Frau Radowitz mit ihrer gesellschaftlichen Sicherheit.

Der kleine Raum führte zu einem Gruppenzwang der Nähe und ließ rasch ein Gefühl der Zusammengehörigkeit entstehen. Wir beschlossen, die nächste Station unseres Weges gemeinsam mit den

Frauen anzusteuern und das Krankenhaus so bald als möglich zu verlassen.

Der sowjetische Tross rollte mit Panjewagen an. Vor dem Haupteingang des Krankenhauses wurde gegen Mittag eine Gulaschkanone aufgestellt. Alle gehfähigen Frauen und Männer bekamen einen Schlag *Borschtsch*[1] und eine Scheibe Brot zugeteilt. Mutter und Tochter Radowitz holten auch für uns die Suppen ab. Ermutigt durch den reibungslosen Ablauf, besorgten wir uns die Nachschläge selbst.

Was wir in letzter Zeit zu uns genommen hatten, verdiente nicht der Erwähnung. Zu unseren treuesten Begleitern zählten die leeren Mägen. Bald begann sich die fettige Brühe des Borschtsch bemerkbar zu machen. Eine halbe Stunde später war mir speiübel. Eine Faust zwang meinen Magen, schubweise Flüssigkeit auszuspülen. Sie löste Krämpfe aus und wollte nicht davon ablassen, sich in die Eingeweide hineinzubohren. Nur mühsam gelang es mir, zwischen zwei Würgepausen das Zimmer fluchtartig zu verlassen und mich unter der Strohaufschüttung einer Dachkammer zu verkriechen.

Fritz tauchte bald auf, um sich nach meinem Befinden zu erkundigen. Ihm ging es blendend. Er schien einen Pferdemagen zu haben. Am 6. Mai fiel es mir leicht, auf Nahrung zu verzichten. Die ärztliche Visite nahmen wir zum Anlass, uns für alle Hilfeleistungen zu bedanken. Die Ärztin riet mir, nach Ausheilung der Wunde sofort mit einer Krankengymnastik zu beginnen, um die Beweglichkeit der Finger wiederherzustellen.

Am 7. Mai verließen wir zu viert und voller Zuversicht das Kreiskrankenhaus der Stadt Nauen. Aufgabe einer Zuflucht. Noch mal tief durchatmen. Im Schwesternzimmer bewegte sich eine Gardine. Das verstohlene Winken begleitete uns in das zauberhafteste Frühlingswetter.

---

1 *russische Kohlsuppe mit Fleisch*

Die Marschbewegungen auf der Reichsstraße 5 zeigten ein unverändertes Bild. Unauffällig reihten wir uns in die endlose Schlange ein.

*

Trecks: Fluch und Geißel der Kriege. Durch Dörfer und Städte zogen die Menschen in nicht abreißenden Kolonnen. Vor Monaten waren es die Vertriebenen aus den deutschen Ostprovinzen. Man gab und half ihnen. Es folgten die Truppenverbände, Gefangenenzüge und Häftlingstransporte.

Nun, zum Kriegsende, bestimmten die bunt gemischten Reihen der zur Fronarbeit verpflichtet gewesenen Ausländer die Straßenszene. Unter den Fremdarbeitern befanden sich Evakuierte, desertierte deutsche Soldaten, Flüchtlinge und die Befreiten in ihren Häftlingsanzügen. Alle waren sie Heimkehrer, die der Elbe - ihrer visionären Zielbestimmung - täglich ein Stückchen näherrückten.

Die Trecks durchfluteten die Dörfer und durchwalzten die Städte. Heuschreckenartig fielen sie ein in die Häuser. Sie nahmen sich, was sie brauchten, requirierten Nahrung und beschlagnahmten Schlafräume.

Die Durchziehenden klopften an, weil sie Hunger oder Durst hatten, und klingelten, um ihre Notdurft verrichten zu können. Jedes Klopfen oder Klingeln versetzte die Bewohner der Zugstraßen in Ängste. Jeder Ruf, die Haustür zu öffnen, löste Furcht aus und zwang die Frauen dazu, ihre Verstecke aufzusuchen.

Andere begehrten Einlass, weil sie nachts von den Straßen verschwinden mussten. Unter den Angehörigen der verschiedensten Nationen gab es nicht wenige, die sich als Gäste aufgenommen fühlten und dafür dankbar zeigten.

Frauen bildeten in diesen Ausländertrecks einen seltenen Anblick. Die Dame Radowitz und ihre Tochter Maria wurden sofort zum Mittelpunkt einer Gruppe von Italienern. Deren Hochstimmung ging auf eine Radiomeldung aus Rom zurück. Sie verlautete, dass deutsche Generäle in Reims mit US-General Eisenhower Verhandlungen aufgenommen hätten. Es dürfe stündlich mit der bedingungslosen Kapitulation der deutschen Wehrmacht gerechnet werden.

Anfangs noch freundlich, verschanzten sich die Frauen bald hinter Verständigungsschwierigkeiten. Als sich die auf sie bezogenen Gesänge und Gelächter immer mehr steigerten, reagierten Mutter und Tochter mit sturer Nichtbeachtung. Schnell wurde uns klar, dass wir den Treck verlassen und mit den Frauen auf abgelegenen Straßen weiterziehen müssten.

Am Rande des Havelländischen Luchs

Wir verließen die Reichsstraße drei Kilometer hinter dem Dorf Ribbeck und wanderten in westlicher Richtung über Feld- und Waldwege. In Retzow schloss sich uns eine Flüchtlingsfamilie an. Sie hatte von einer Übernachtungsmöglichkeit in Möthlow gehört. Dort sollte es einen hilfsbereiten Bauern geben. Bei ihm bekäme man auch reichlich zu essen.

Der Hof war in seiner Abgeschiedenheit nicht leicht zu finden. Vom Ortsrand lag er etliche hundert Meter weit hinter den Feldern. Der Bäuerin war die Warmherzigkeit schon ins Gesicht geschrieben. Sie sah uns aus guten, lebendigen Augen an.

„Esst, die Erbsensuppe wird euch guttun!" Die Schüsseln wurden ausgeleckt. Da blieben nirgends Reste.

Der Bauer strahlte Ruhe aus. Die Gelassenheit ließ keine Zweifel daran aufkommen, dass Hilfsbereitschaft zu seinen Grundsätzen gehörte. Sobald Russen auftauchten, sollten wir uns in eine der Scheunen verziehen. Spätabends käme ein Sowjetoffizier zur Übernachtung. Manchmal brächte er einige Kameraden mit. Nach dem Wodka würden die noch ein bisschen krakeelen, aber frühzeitig wieder verschwinden. Wir saßen noch lange zusammen.

Das Dorf Möthlow bestand in seiner Geschichte aus einem Gutshof und einigen Kleinbauern. Der Gutshof und die Kirche bildeten den Kern des Dorfern. Nach den Zerfall des Gutes entstanden Siedlungen kleiner Landwirte. Heute hat Möthlow 194 Einwohner, eine weitverzweigte Straßenstruktur und einige Stallanlagen der landwirtschaftlichen Großraumwirtschaft.

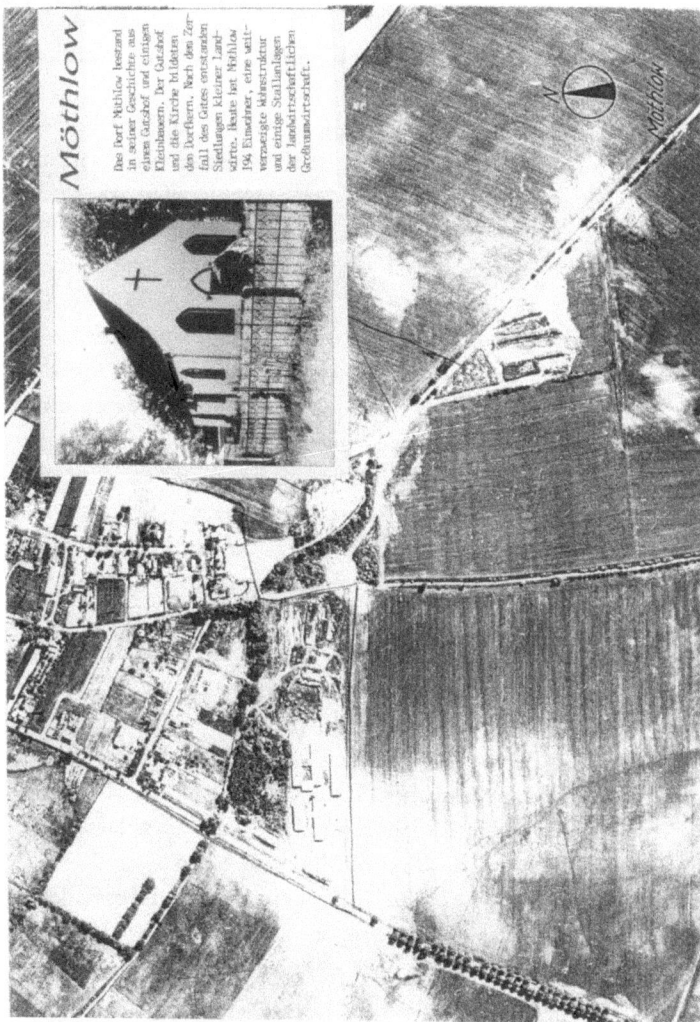

Als ein Patrouillenfahrzeug heranholperte, versteckten wir uns hinter den Stallungen. In der abgelegenen Scheune fühlten wir uns sicher. Maria setzte sich zu Fritz. Immer wenn ihre Mutter abwesend war, suchte sie seine Nähe und das Gespräch mit ihm. An allem,

129

was er zu erzählen wusste, bekundete sie großes Interesse. Aus großen blauen Augen strahlte sie ihn dabei an. Maria war ein noch sehr scheues, liebes Mädchen.

Ich erwachte im Morgengrauen, als vom Dorf her das erste Hundegebell zu hören war. Aus dem Bauernhaus schallten Stimmen. Sie klangen, als würde ein Streit ausgetragen. Als sie verstummten und das Licht verlosch, schlief ich wieder ein.

Vogelgezwitscher. Fritz war schon wach: „Aufstehen!" Stille lag über dem Hof. Frühaufsteher sind gewohnt, sich rücksichtsvoll zu verhalten. Geräuschlos betraten wir das Wohngebäude. In der Küche saß ein sowjetischer Offizier. Neben ihm befand sich eine Frau, die ihm Gesellschaft zu leisten schien. Auf dem Tisch lagen umgestürzte Flaschen und Gläser, Flüssigkeit tropfte zu Boden.

Der Soldat hatte sich seine Mütze aus der Stirn geschoben. Wir sahen in ein gutgeschnittenes Gesicht. Die ordensbeschnallte Uniform hing achtlos am Fenstergriff. Die Bluse der Frau war aufgeknöpft, ihr Rock verrutscht. Als sie sich umdrehte, blickten wir in ein vertrautes Gesicht. Frau Radowitz zeigte keine Reaktion; sie stand unter starkem Alkoholeinfluss. Der Offizier schob seine Hand besitzanzeigend unter ihre Brust. Frau Radowitz machte einen Versuch, sich zu befreien. Es gelang ihr nicht, sich aufzurichten; der Mann zog sie an sich. Brüsk wandte sie ihren Kopf ab, als sie uns erkannte. Ein Stakkato russischer Flüche jagte uns vor die Tür.

„Sie hat sich für ihre Tochter geopfert", sagte Fritz fassungslos. Eine andere Erklärung durfte es für ihn nicht geben.

Maria schlief noch, als ihre Mutter zurückkam. Frau Radowitz streckte sich schwerfällig im Stroh aus. Bis weit in den Vormittag hinein würde der Vollrausch auch die Gedanken narkotisieren. Im Tiefschlaf zu liegen, um Abstand zu gewinnen, konnte nur gut für sie sein.

Die Temperaturen dieses vorsommerlichen Abends mochten um 20 Grad Celsius liegen. Als die Dämmerung anbrach, setzten wir uns unter eine Linde. Später gesellten sich auch die Frauen hinzu. Der Bauer trieb die letzten ihm verbliebenen beiden Kühe an uns vorbei in den Stall. Wir folgten ihm, um uns zu verabschieden. Der Landwirt riet uns, noch ein paar Tage zu bleiben. Auf dem Hofe fielen wir niemandem zur Last. Er verstand aber, dass wir es sehr eilig hatten, nach Hause zu kommen.

Ich fragte Frau Radowitz, ob wir zu viert weiterziehen könnten. Sie befand sich in einem erbärmlichen Zustand: „Für uns ist es besser, noch ein paar Tage auszuruhen", sagte sie tapfer. Und leise fügte sie hinzu: „Maria wird hier nichts passieren, dafür habe ich ein Versprechen!" Das Gespräch und die sentimentale Stimmung, die es auslöste, wurden jäh unterbrochen: wie auf ein unhörbares Kommando flammten Scheinwerfer auf. Sie bohrten ihre Lichtstrahlen in den Nachthimmel. Gleichzeitig begann eine wilde Schießerei. Das Maschinengewehrgeknatter wurde von dumpfem Geschützdonner übertönt. Rote, grüne und weiße Feuerraketen stiegen auf. Leuchtkugeln zischten dazwischen. Fasziniert starrten wir nach oben. Diesem gigantischen Feuerzauber hätte sich niemand zu entziehen vermocht.

Der Krieg war zu Ende. Die Sowjets bejubelten ihren Sieg über Hitlerdeutschland. Sie feierten das Ende des Zweiten Weltkrieges in Europa. Die Kapitulation war bereits in der Nacht zuvor erfolgt.

Am 7. Mai 1945 um 2.41 Uhr hatte die deutsche Wehrmacht im Hauptquartier des US-Generals Eisenhower die Gesamtkapitulation in Reims unterzeichnet.

Maria schmiegte sich an ihre Mutter. Die Frauen weinten. Fritz zeigte ungewohnte Rührung: „Wir haben den Krieg überlebt; nun kommen wir auch noch über die Elbe!" Jeder Abschied ist ein kleines Sterben. Jeder Aufbruch verheißt neues Leben. Gleich am ersten Tag der neuen Zeitrechnung wollten wir munter in eine unbeschwertere Zukunft marschieren. Der Krieg war verloren, der Friede musste noch gewonnen werden. Die Morgenröte leuchtete uns Hoffnung.

Waffenstillstand

9. Mai 1945. Die Bäuerin ließ sich umarmen. Dank wehrte sie ab. Beim Abschied bekamen wir Brotpakete zugesteckt. Der Bauer wollte uns noch eine kurze Wegstrecke begleiten. Frau Radowitz, Maria und die Bäuerin winkten uns nach. Lange noch drehten wir uns nach ihnen um. Vorbei an den gelbblühenden Rapsfeldern, entlang den Ackergrenzen wedelten wir zurück, bis die Frauen unseren Blicken entschwanden. Am Dorfausgang von Möthlow hielten wir inne, um uns innerlich zu sammeln. Unser Tagesziel war die Stadt Rathenow.

Fritz wollte sich nicht necken lassen. Maria sei für ihn kein Flirt, sondern nur ein liebes Mädchen gewesen. Er zog sich in sein Schneckenhaus zurück und wiederkäute ein bißchen Groll. Schnell würde er ihn verdrängen. Inzwischen kannte ich den melancholischen Grundzug seines Wesens ebenso wie sein Harmoniebedürfnis. Aufkommende Spannungen vermochte Fritz mit Hilfe seines trockenen Humors schnell abzubauen.

Seit Wochen waren wir hautnah aufeinander angewiesen. Die bisweilen zu große Nähe übertrug sich dann als Belastung auf unsere Gemüter. Sie löste Kritik aus und konnte bewirken, dass meine Spontaneität mit Aktivismus verwechselt wurde. In solchen Fällen verfügte Fritz über ein ausdrucksvolles Schweigen. Innerlich Abstand zu halten bedeutete manchmal auch Rücksichtnahme! Stets gelang es uns nach kurzer Zeit, das gute kameradschaftliche Verhältnis wiederherzustellen. Wir wussten, dass wir uns in allen Situationen aufeinander verlassen konnten. Zwischen Fritz und mir gab es keinen Funken von Unaufrichtigkeit. In dieser Partnerschaft auf Gedeih und Verderb war der bedächtige Fritz mein idealer Gefährte!

Auf der Marschroute nach Rathenow kamen wir schnell voran, weil wir uns außerhalb der Trecks bewegten. Über Liepe erreichten wir ohne Aufenthalt Damme, beide Orte liegen im Zentrum des

Havelländischen Luchs. In Nennhausen geriet uns ein Zwischenfall zum Vorteil. Dort kam uns ein Lkw mit Häftlingen entgegen, die vermutlich aus dem Zuchthaus Brandenburg oder dem Konzentrationslager Sachsenhausen befreit worden waren. Die ausgemergelten Gestalten auf der offenen Pritsche trugen noch die gestreiften Sträflingsanzüge. In der Kurve hätte der Fahrer den Lkw besser auf Schrittempo heruntergebremst. Da er zu schnell fuhr und ins Schleudern geriet, rutschte ihm eine Kiste über die Ladefläche. Beim Aufprall auf das Straßenpflaster wurde sie zerschlagen.

Zahlreiche Ölsardinenbüchsen purzelten vor unsere Füße. Eilig lasen wir auf, was sich verstauen ließ. Hungrige Dörfler konnten uns erst verdrängen, als wir eine große Anzahl der Blechdosen an uns gebracht hatten. Zufall oder Zeichen? Für längere Zeit mit Konserven versorgt zu sein war uns sehr willkommen. Fritz schnalzte mit der Zunge: „Kartoffeln gibt es überall. Aber Ölsardinen und Kartoffeln, das hört sich schon anders an." Von Fleisch und Butter, von Würstchen oder Käse durfte weiter geträumt werden.

Nördlich der Eisenbahnstrecke Stendal-Berlin verlief ein größeres Waldstück. Büsche und Bäume gewährten Sicherheit. Als sie sich vor uns auftaten, überkam mich Erleichterung. Wer wochenlang in den Wäldern lebt, lernt schnell, auf Nebensächlichkeiten zu achten und sich vorsichtig im Gelände zu bewegen. Ich hatte in den Rokitnosümpfen[1] gelegen und 1942 die Waldkämpfe nordöstlich von Orel miterlebt. Fritz durfte mir vertrauen. Im Waldgelände kannte ich mich aus.

Eine weithin sichtbare Qualmwolke wies uns die Richtung. Sie lag über der Stadt Rathenow. Vereinzelt waren Detonationen zu hören. War der Krieg noch nicht zu Ende? Waffenstillstand. Was bedeutete er für uns? Die friedvollen Gänseblümchen auf den Wiesen durften nicht darüber hinwegtäuschen, dass man uns gefangennehmen und in Russlands unendliche Weiten verbannen konnte. Das erste Wegstück begleitete uns das Geplätscher eines Baches.

---

1 frühere Bezeichnung für die Poleßje in Weißrussland

Vorsichtig pirschten wir uns voran. „Wo ein Wille ist, ist ein Weg", sagte Fritz tiefsinnig. Hieß es nicht auch, der Weg sei das Ziel?

Drei Stunden mochten wir unterwegs gewesen sein, als wir auf deutsches Kriegsgerät stießen. Waffen und Munition lagen so verstreut umher, als habe man sie nach überstürztem Abzug zurücklassen müssen.

Rathenow war noch vor wenigen Tagen Schwerpunkt von Kämpfen gewesen. Die Stadt war seit dem 25. April pausenlos von den Sowjets angegriffen worden, weil sich in ihr die leistungsfähigsten Brücken dieser Region befanden. Im Forst von Havelberg war am 2. Mai noch erbittert gekämpft worden.

Die Steinstraße in Rathenow

Rathenow war nur noch Schutt und Asche. Auf der Kopfsteinstraße begegnete uns auf Schritt und Tritt das Szenario des Schreckens. Ruinen ringsum; wie Leichenfinger ragten sie anklagend in den Himmel. In den zerstörten Häusern flackerten kleine Brände. Die Überlebenden hausten in Kellern. Sie besaßen nur noch, was sie am Leibe trugen. Weder die Glutasche noch der aus den zerbombten Gebäuden aufsteigende beißende Rauch konnte sie davon abhalten, zwischen dem eingestürzten Gemäuer nach Wertgegenständen zu graben. Verwesungsgeruch ließ den Atem stocken. Leblose Gestalten am Straßenrand. Sie lagen dort, wie man sie hingezerrt hatte. Verkrümmt, in unnatürlicher Körperhaltung, die Uniformen durchblutet. Wie erschossene Hunde, die niemand verscharrt. Tote deutsche Soldaten, wann würde man sie vor dem Vermodern bewahren? Rathenow wirkte wie eine ausgestorbene Stadt. Nur Sowjetfahrzeuge preschten durch die Straßen. Pioniereinheiten verlegten einen Holzsteg über die Havelbrücke. Vor dem Übergang versammelten sich die ersten Ausländertrecks. Unruhe kam auf, weil die Russen penible Personenkontrollen durchführten. Nachdem einige deutsche Soldaten entdeckt und abgeführt worden waren, kam keiner mehr ohne Ausweis über den Fluss.

Höchste Zeit zur Umkehr. Einige Italiener schlossen sich an. Sie hatten etwas von einem unbeaufsichtigten Behelfssteg gehört. Von seinem Standort besaßen sie nur vage Vorstellungen. Ihn ausfindig zu machen, bedurfte eines langen Anmarsches und einiger Zufälle. Der Steg lag an einer einsamen Stelle. Er war nur schmal und wurde bewacht. In der Stille des Waldes dösten die Posten teilnahmslos vor sich hin. Als wir uns näherten, schraken sie auf. Dann nickten sie uns zu, hinüberzugehen.

Die Reichsstraße erreichten wir am späten Nachmittag bei Rathenow-West. Im Treck ordneten wir uns für kurze Zeit wieder in eine italienische Gruppe ein. Zur Verständigung bemühte Fritz seine Lateinkenntnisse. Für mich war es einfacher, da ich vor dem Krieg ein wenig Italienisch gelernt hatte. Bald verließen wir wieder den Treck, um nördlich der Eisenbahnlinie die nach Großwudicke führenden Nebenstraßen einzuschlagen.

Kurz vor dem Ort sahen wir frisch aufgeworfene Grabstellen; daneben befanden sich viele Reihen hastig zugeschütteter Einzelgräber. Da lagen Soldaten unter der Erde, die es wenige Stunden vor der Kapitulation noch erwischt hatte. Rückzugsopfer der 12. Armee. Die Angehörigen der „Panzervernichtungsbrigade Hitlerjugend" waren zwischen 15 und 17 Jahren alt. Man hatte sie nicht beerdigt, sondern verscharrt. Wer mochte sich diese armen Jungen noch aufs Gewissen geladen haben?

Weil wir Verbandszeug brauchten und Unterwäsche, durchsuchten wir einen verlassenen Bauernhof. Die vorgefundenen Damastbezüge halfen uns nicht weiter. An Essbarem fanden wir Mehl und - verstreut im Hofgelände - einige Hühnereier. Fritz hatte die fabelhafte Idee, daraus Omeletten herzustellen. Über einem mühevoll entzündeten Reisigfeuer wurde die Mehl- und Eiermasse in einem Eisentiegel vermengt. Aber weder emsiges Rühren noch heftiges Tiegelschwenken vermochten den angestrebten Festigkeitsgrad zustande zu bringen. Schmutzbrei heißt auf mitteldeutsch Pampe, Omelette klingt vornehmer. Eierkuchen hätte uns ausgereicht. Beim Hinunterschlucken half der Hunger. Die Restmasse landete auf dem Misthaufen.

Nach Anbruch der Dämmerung wurde es für uns Zeit, von den Straßen zu verschwinden. Im Ortskern von Großwudicke hielten sich die Zerstörungen in Grenzen. Im Garten einer Villa bemerkten wir einen sympathisch aussehenden Herrn. Fritz sprach ihn an. Er fragte in englischer Sprache, ob wir in seinem Hause übernachten dürften. Die Antwort war ein bejahendes Kopfnicken. Unser Gastgeber führte uns eine Treppe hinauf, wies auf eine Tür und verschwand wortlos nach unten.

Der Schlafraum war elegant eingerichtet. Nebenan befand sich ein gepflegtes Badezimmer. Es enthielt Kostbarkeiten wie Seife, Zahnpasta und Rasiercreme. Eine Duschkabine versprach frischen Körpergeruch. Fritz bekam ein schlechtes Gewissen. Er plädierte dafür, das Haus umgehend wieder zu verlassen, ich hingegen wollte nicht verzichten. Wo fänden wir noch etwas anderes? Es siegte die Vernunft. Ausziehen zum Duschen. Der Verband von Fritz sah noch gut aus. Meine Finger waren unbeweglich. Einer war steif und stand komisch von der Hand ab.

Zuerst wollten wir die feinen Betten unberührt lassen. Doch nach einer Weile hopsten wir fröhlich hinein. Uns überkam ein Hochgefühl. Fritz begann zu singen. Nach Monaten wieder in einem Bett zu schlafen, das war wie im Märchen!

Zeitig aufstehen, um möglichst unauffällig zu verschwinden. Wir rasierten uns schnell. Beim Hinabschleichen wollten wir keinem begegnen. Daraus wurde nichts, denn mit knarrenden Stiefeln ging es die Treppe hinunter. Der Hausherr trat uns ausgemacht freundlich entgegen. Er bat um Verständnis, dass er nichts zu essen anzubieten vermöge; heißer Tee stehe aber schon bereit. Er lächelte nachsichtig und wünschte uns gute Heimkehr nach Sachsen. „Es gibt sicher nur wenige Holländer, die das Sächsische so perfekt beherrschen wie Sie", sagte er schelmisch.

Betreten standen wir in der Küche herum. Aus anfänglicher Verlegenheit war inzwischen Beschämung geworden. Ich stürzte den Tee in einem Zuge hinab. Wir hatten es eilig, wegzukommen. Auf unverdienten Luxus würden wir in Zukunft verzichten.

Kurz darauf befanden wir uns wieder in den Reihen der Dahinziehenden. Im Waldgebiet hinter Kleinwudicke verlangsamte sich das Schrittempo. Unruhe erfasste die Menschen, als die Kolonnen zum Stillstand kamen. Umkehrer schoben Handkarren an uns vorbei, auf denen sie ihre Habe verstaut hatten. Sie berichteten, dass die Straße zweihundert Meter vor uns verbarrikadiert worden sei. Polnische Soldaten würden die Durchziehenden nach Wertgegenständen durchsuchen. Auf Uhren und Ringe hätten sie es besonders abgesehen. Ungeschoren ließen die keinen vorbei.

Wir lagerten am Waldrand. Es vergingen einige Stunden, bis sich die Reihen wieder ordnen und in Bewegung setzen konnten. Die Straßensperre war inzwischen abgeräumt worden. In prächtigen

Phantasieuniformen standen dort noch einige Polen herum. Irgendein Dorfschneider mochte sie ihnen angefertigt haben.

Wasserpumpen übten auf Trecks eine fast magnetische Anziehungskraft aus. Kaum waren sie entdeckt, bildeten sich vor ihnen Ansammlungen von Menschen, die ihren Durst stillen oder sich vom Straßenschmutz befreien möchten.

Als ich mich in die Warteschlange einreihen wollte, musste ich an einer Gruppe von Holländern vorbeigehen.Die sahen meinen rotweißblauen Ärmelstreifen und riefen mir etwas zu, weil sie mich für einen Landsmann hielten. Da ich keine Antwort wusste, beeilte ich mich, von ihnen wegzukommen. Das machte mich verdächtig. Zwei kräftige Kerle erhoben sich und folgten mir zur Pumpe. Dort redeten sie heftig auf mich ein. Schnell hatten sie begriffen, dass ich ihre Sprache nicht verstehen konnte. Sie riefen ihren Landsleuten zu, dass sie einen deutschen Soldaten erwischt hätten. Ratlos sah ich mich dieser Situation ausgeliefert. Zwei weitere Gestalten tauchten vor mir auf. Die packten mich an den Armen und nahmen mich unter Drohgebärden in ihre Mitte. Ich wurde abgeführt und hinter ein Buschwerk gezerrt. Zuerst wurde ich nur hin- und hergeschubst und mit deutschen Kraftausdrücken beschimpft. Nachdem ich zugegeben hatte, ein deutscher Soldat zu sein, begannen sie nach mir zu treten. Da es mir mehrfach gelang, mich loszureißen und den Tritten auszuweichen, wurde ich festgehalten und in den Schwitzkasten genommen. Mit einem Knüppel wurde dann so lange auf mich eingeschlagen, bis ich zu Boden stürzte. In Erwartung der Hiebe rollte ich mich auf den Bauch und versuchte, meine Hände schützend über den Kopf zu legen.

Einer der Holländer hatte sich an der Verprügelung nicht beteiligt. Er begann besänftigend auf die anderen einzureden. Mir wurde noch zugerufen, dass die Russen schon unterwegs seien, um mich abzuholen. Endlich hörte ich meine Peiniger abziehen.

Benommen blieb ich noch einige Zeit liegen. Da mir keine schweren Verletzungen zugefügt worden waren, konnte ich mich bald aus eigener Kraft erheben. Um die Holländer machte ich einen großen Bogen, obwohl es die Orientierung erschwerte. Fritz hatte mich schon überall gesucht. Sein „Kannitverstan" reichte nicht aus, mich ausfindig zu machen. Er war erleichtert, als ich wieder auftauchte. Um die Rachegefühle der Niederländer nicht erneut anzustacheln, brachen wir erst drei Stunden nach ihnen auf. Die blauen Flecke würden verschwinden. Was blieb, war die Erkenntnis, dass wir uns vor deutschfeindlichen Holländern in acht nehmen mussten.

Trotzdem: Glück gehabt, es hätte viel schlimmer kommen können!

Am 11. Mai erreichten wir Schönhausen. Der Ort bot einen trostlosen Anblick. Zwischen umgekippten Militärfahrzeugen und abgesprengten Geschützteilen bedeckten Geschosshülsen weitflächig den Boden.

Fünf Tage vor unserem Eintreffen waren von hier aus noch einmal deutsche Kampfverbände zu einem Entlastungsangriff angetreten. Sinn dieser Aktion war es, die Elbübersetzung der 12. Armee, die sich den Amerikanern bereits ergeben hatte, abzuschirmen. Zu diesem Zweck war der Brückenkopf Hohengöhren-Schönhausen gebildet und bis zum 7. Mai erbittert verteidigt worden. Vom Schlosspark aus hatte Artillerie aller verfügbaren Kaliber den angreifenden Sowjettruppen noch massive Feuerschläge versetzt.

Das Schloss Schönhausen war Stammsitz derer von Bismarck. Hier hatte der spätere Fürst und erste deutsche Reichskanzler Otto von Bismarck am 1. April 1815 das Licht der Welt erblickt.

An einem Seitenflügel des Schlosses vorbei zogen wir inmitten von Italienern zunächst zum Dorfplatz. Wir lagerten in der Nähe des Parks unweit der letzten Straße, die vor den Elbauen verläuft. Sie war unbefestigt und hieß Märsche, was soviel bedeutet wie angeschwemmter fruchtbarer Boden.

Schloss Schönhausen, Ruine

Um Straßen und Plätze zu meiden, benötigten wir vordringlich eine Unterkunft. Unter dem Dach eines verlassenen Bauernhofes fand sich etwas Passendes. Der Raum war von der Scheune aus nur über eine Leiter zu erreichen. Er mochte als Taubenverschlag gedient haben. Nach gründlicher Reinigung deckten wir den knarrenden Dielenboden mit Papier ab und versuchten, es uns einigermaßen bequem zu machen. Die Anspruchslosigkeit erleichterte es. Durch eine Luke ließ sich das Geschehen auf der Straße beobachten. Kein Logenplatz, aber der Hochsitz genügte. Wir durften zufrieden sein, denn ein sicheres Versteck festigt die Hoffnungen.

Der sowjetische Ortskommandant hatte die im Rahmen des Ausnahmezustandes bestehende nächtliche Ausgangssperre aufgehoben. Nach Einbruch der Dunkelheit verließen wir unser Kabuff.

140

Vorsichtig mischten wir uns unter Ankömmlinge, die vor der Kirche allerlei Krimskrams ausluden. Um uns herum war aufgeregtes Gehabe und Sprachengewirr.

Abendstimmung. Die Flammen von kleinen Feuerstellen flackerten über die Wiesen und Plätze. Hinter den aufgeschichteten Steinen entwickelte sich Rauch. Kochdünste breiteten sich aus. Lagerfeuer ohne Romantik. Die gespenstische Nachtkulisse lässt dich frösteln. Der Schlosspark blieb unbewacht; seine einzige Zierde bestand aus herumliegenden Kartuschen. Und überall stank es nach Urin. Endstation Schönhausen. Bis zur Elbe waren es noch gute zwei Kilometer. Ölsardinen zum Frühstück, Ölsardinen als Tauschobjekt für Kartoffeln und Mehl. Unaufhaltsam wie unser Vorrat schwand auch der Appetit auf Fischkonserven. Es war an der Zeit, verlassene Häuser nach Lebensmitteln zu durchkämmen.

Fünf Kilometer südlich von Schönhausen liegt der Ort Fischbeck. Von ihm aus erreicht man das Elbufer in zwanzig Minuten. Es hieß, auf diesem Wege sei das Westufer nicht mehr erreichbar, weil die nach Tangermünde führende Brücke zerstört worden sei. Um herauszufinden, ob es sich dabei um ein Gerücht handelte, wollten wir uns selbst vom Zustand der Elbbrücke überzeugen. Nach Erreichen der Eisenbahnline folgten wir den Schienensträngen. Endlich kam der mit Spannung erwartete Moment: Der Blick auf die Brücke! Eine riesige Stahlbogenkonstruktion hatte hier den Fluss überspannt. Gewaltige Metallgeflechte ragten abweisend in den Himmel. Die nach unten zeigenden verbogenen Eisenstangen wirkten nicht weniger bizarr.

Die Brücke existierte nicht mehr. Wir sahen nur noch ihre Rudimente. Die Stelle des Einsturzes befand sich knapp vor der Mitte des Stromes. Unmittelbar hinter dem abgesprengten Stützpfeiler führte eine Hängeleiter zu dem unterhalb angelegten Brettersteg. Auf ihm hätte sich das Westufer problemlos erreichen lassen. Aufgetürmte Betonklötze ließen vermuten, wo die Sprengladung gezündet worden war. Hinter ihnen hatten sich zwei sowjetische Wachtposten verschanzt. Sie beobachteten das unter ihnen dahinfließende

Wasser. Ihr Auftrag bestand in der Bewachung und Sicherung des nach Tangermünde führenden Behelfssteges. Fluchtversuche blieben an dieser Stelle auch für gute Schwimmer chancenlos.

Schwieriges Vorhaben: die Elbdurchquerung

Die Elbe war identisch mit der Demarkationslinie. Mit ihr erblickten wir den westlichsten Streifen der militärisch kontrollierten Zone des sowjetischen Machtbereiches. Die Abgrenzung zwischen Russen und Amerikanern. Vorsichtig schlichen wir uns an die Posten heran und warfen über deren Rücken hinweg einen Blick ins „gelobte Land". Auf der Uferstraße von Tangermünde spazierten Soldaten, Yankees. Sie sahen genauso aus wie in den amerikanischen Filmen, die bis 1940 gezeigt werden durften. Baumlange Kerls, betont locker, beinahe herausfordernd lässig. Ihnen war anzusehen, dass sie sich für großartig hielten.

Wir starrten, staunten und hielten die Luft an: neben einigen dunkelhäutigen Modellathleten trippelten deutsche Mädchen.

Ein unvorsichtiges Räuspern ließ die Wachtposten hochschrecken. Sie sprangen auf und liefen uns mit aufgepflanzten Seitengewehren entgegen. Mit den Kolben ihrer Waffen stießen sie uns brutal zurück. Es fiel kein Wort, als wir uns im Laufschritt von der Brücke zurückzogen. Unseren Ärmelstreifen mit den niederländischen Landesfarben mochten wir es zu verdanken haben, dass wir nicht festgenommen wurden.

Nun wussten wir es. Dieser Strom war nirgends mehr durchlässig. Er würde für uns zur Front werden. Um ihn durchschwimmen zu können, musste zuvor sein Bewachungssystem durchbrochen werden. Dazu gab es keine Alternative. Auf dem Rückweg hatten wir einen lebhaften Gedankenaustausch.

Die gesprengte Eisenbahnbrücke von Tangermünde

Fritz glaubte sich ziemlich sicher zu sein, dass er später in die USA auswandern würde. Ein Leben als Globetrotter konnte er sich sehr gut vorstellen.

*

Der Gestank von Verbrennungsmotoren verwies uns abseits der Straße auf Kriegsgerät. Zahlreiche Lastkraftwagen blockierten die Waldwege. Eine makabre Regie hatte alle Personenfahrzeuge in ordentliche Reihen abstellen lassen. Unbeabsichtigt trug sie dazu bei, den Russen das Abtransportieren zu erleichtern.

Überall lagen ins Gras tropfende Kanister und ausgelaufene Benzinfässer herum. Auf einer Lichtung waren Sturmgeschütze in den weichen Boden eingebrochen. Ineinander verkeilt steckten sie tief im Sand fest. Ein gewaltiger Tiger-Panzer thronte majestätisch über dem Unheil. Wo man hinsah: Bäume, abgeknickt wie Streichhölzer. Riesige Wurzeln, von stählernen Raupenketten herausgerissen. Infanteriewaffen, Maschinengewehre, Lafetten, zusammengestellte Karabiner. Und im Buschwerk herumliegend die schnell noch weggeworfenen Pistolen. Der Anblick dieser totenähnlichen Starre wirkte bedrückend.

„Trossfahrzeuge!" Ein Jauchzer von Fritz. Schnell wurden wir fündig. Büchsenfleisch, Dosenwurst, Cornedbeef. Auf keinen Fall durfte auf die Blockschokolade verzichtet werden. Wir verstauten hastig, was sich in unseren Taschen unterbringen ließ. Für einen Munitionskasten, den wir randvoll mit Konservenbüchsen angefüllt hatten, fanden wir ein sicheres Versteck. Da standen ganze Warenlager herum, kostbare Schätze in Hungerszeiten. Es gab keine Eigentümer; jeder durfte sich bedienen. Die 12. deutsche Armee hatte sich den Amerikanern ergeben. Ihr Arsenal musste sie zurücklassen. Als Strandgut des verlorenen Krieges lag es über viele Kilometer verstreut vor den Uferböschungen.

*

Zurück nach Schönhausen. Auf dem Heimweg konnten wir kräftig und beschwingt ausschreiten. Der Flieder stand schon in voller Blüte; überall verbreitete er seine wunderbaren Düfte.

Aus unserer Dachkammer ließ sich das bunte Treiben auf dem Dorfplatz ungestört beobachten. Neben den Fuhrwerken, die durch das Überspannen von Planen in Wohnwagen umgewandelt wurden, entstanden Behelfszelte. Geschickte Hände waren bemüht, aus Kartuschen brauchbare Werkzeuge zu fertigen. Das Lagerleben wurde von praktischen Männern bestimmt. Die wenigen Frauen, die noch im Dorf lebten, tauchten nur selten im Straßenbild auf. Sie vermieden es, sich blicken zu lassen.

Genau unter uns, umweht von Fettgerüchen, hockten befreite KZ-Häftlinge vor ihrer Feuerstelle. Vor ihnen - fein aufgereiht - standen Blechschüsseln, die sie sich aus den Konzentrationslagern Sachsenhausen und Brandenburg mitgebracht hatten. Die ausgehöhlten Gesichter bestanden nur noch aus Haut und Knochen. Diese Männer gehörten verschiedenen Nationen an; sie verständigten sich untereinander in deutscher Sprache. Gegenüber den anderen auf ihre Heimkehr wartenden Westeuropäern verhielten sie sich zurückhaltend. Unter ihnen befanden sich Kranke, die in fiebriger Unruhe dahindämmerten. Auffällig war das Vermeiden von Außenkontakten, was eine Isolierung dieser Gruppe bewirkte. Die demonstrative Weiterbenutzung der Sträflingskleidung war Ausdruck einer zwischen ihnen bestehenden subtilen Solidarität. Sie durfte als Zeichen dafür gelten, dass diese erst wenige Tage zuvor von der Roten Armee erlösten Todeskandidaten sich nur schrittweise in ihr neues Leben zurücktasten konnten.

An anderer Stelle bereiteten Belgier ihr Mittagessen vor. Einige schälten Kartoffeln, andere schnitten sie in Scheibchen. Der Dunst von in Fett gebackenen Pommes frites stieg verlockend in unsere Nasen. Für Kostproben war es zu spät, weil die Reste schon mit Brotfladen aus den Tiegeln gewischt worden waren.

Vor dem Gasthof „Fürst Bismarck" bildeten sich Grüppchen zum Kartenspielen. Da palaverten Franzosen und Italiener. In der aufgelockerten Stimmung gaben die Südländer den Ton an. Im Gastraum versuchten Fremdarbeiter ihre Langeweile beim Würfelspiel totzuschlagen. Schimpfworte und Flüche drangen nach draußen. An dieser beinahe liebenswert-grotesken Geselligkeit fanden wir Gefallen. Wir wollten an ihr teilhaben, um einen Geburtstag zu feiern.

Schönhausen, Gasthof Fürst Bismarck

Fritz wurde an diesem 13. Mai 19 Jahre alt. Es war ein Tag, der ihm unvergesslich bleiben würde. Denn dieser Fritz Jahn - dem letzten Fronteinsatz unverletzt entkommen und weder gefangengenommen von den Russen, noch gefasst vom „Werwolf" und bisher unbeschadet geblieben auf seinem abenteuerlichen Weg von Zittau nach Schönhausen - strebte zielsicher zum Klavier. Schwungvoll zog er sich einen wackligen Schemel unters Gesäß. Vorsichtig, noch leise, begann er das Instrument zu stimmen und sich einzuspielen. Zuerst waren dem uralten Klapperkasten nur Geräusche zu entlocken. Das änderte sich rasch. Zögernd, dann immer sicherer gewann Fritz den Tasten musikalische Klänge ab. Abrupt beendete er die Einspielphase, als sich erwartungsvolles Schweigen ausbreitete.

Fritz begann sein Spiel verhalten. Während der ersten Viertelstunde intonierte er bekannte Operettenmelodien. Obwohl der Applaus anfangs zögerlich kam, fühlte er schon, dass dies seine Stunde sein würde. Er begann leise zu singen. Plötzlich hob er seine Stimme kräftig an: „Du hast Glück bei den Frau'n, bel ami." Schlagartig trat Ruhe ein. In sie hinein, wie auf ein unhörbares Kommando, brach ein ohrenbetäubender Beifall. Er hielt lange an und konnte nur durch ein anderes Lied beendet werden: „Komm zurück, ich warte auf Dich, denn Du bist für mich, all mein Glück."

Angelockt von der Musik strömten auch andere Zuhörer vor das Gasthaus. Begeistert sangen sie alle den Refrain mit; die meisten in deutscher, einige in französischer Sprache, etliche mit Inbrunst. Die Sehnsucht war bei allen spürbar.

Dann war der letzte Ton verklungen. Fritz hatte den Klavierdeckel zugeklappt und war aufgestanden. Sein Gesicht strahlte. Glücklich reckte er beide Arme in die Höhe. Es war ihm gelungen, eine Atmosphäre von Sehnsucht und Heimweh zu erwecken. Sein Spiel, diese Klangmischung aus Lust und Verzweiflung, hatte alle Herzen erreicht. Die Zuhörer trommelten auf die Tische und riefen: „Weitermachen!" Der Bejubelte, völlig entspannt nun, folgte diesen Aufforderungen immer wieder. Geduld und Ausdauer zählten zu seinen ausgeprägtesten Wesenszügen. Fritz verfügte über ein erstaunliches Repertoire. Er spielte auf Zurufe und sang Evergreens. Mit zunehmender Dauer überkam mich Unruhe. Es war zu befürchten, dass die Fritz zuteil werdende Aufmerksamkeit zu unserer Enttarnung führen könnte.

Denn jene roten Plakate, auf denen die Angehörigen der ehemaligen deutschen Wehrmacht aufgefordert wurden, sich umgehend bei sowjetischen Dienststellen zu melden, andernfalls ihnen die Todesstrafe drohe, hingen inzwischen auch an den Haustüren von Schönhausen. Andererseits war es für einen Sowjetsoldaten schwer vorstellbar, dass ausgerechnet einer dieser steckbrieflich gesuchten deutschen Soldaten als Entertainer einer Musikdarbietung auftreten würde. Diese Überlegung half mir, eine gewisse Gelassenheit zu bewahren. Finale grosso: Fritz war nicht mehr zu halten. Er streichelte die Tasten, und er schlug sie. Zuletzt hämmerte er nur noch auf sie ein.

*

147

Im Dorf tauchten zwielichtige Gestalten auf. Sie hausten abgesondert und ließen sich nicht einordnen. Ihre Herkunft blieb undurchsichtig. Die Euphorie der Befreiung hatte auch Zuchthaus und Gefängnistore aufreißen lassen. Zu den Gruppen unterschiedlicher Nationalitäten gehörten auch solche, die sich während der langen Märsche gebildet hatten. Es waren vom Kriege zusammengewürfelte europäische Schicksale.

Tagsüber zog es die Einquartierten in die Wälder. Sie schwärmten aus und begaben sich auf Schatzsuche. Der riesige Fuhrpark der geschlagenen 12. Armee verbarg unzählige Kostbarkeiten. Die Reiseschreibmaschine war nagelneu. Ich fand sie in einem Reisebus, der zuletzt als Gefechtsstand gedient hatte. So etwas zu besitzen wäre phantastisch, weil es einen ungeheuren Wert darstellte. Die Reiseschreibmaschine konnte, wenn schon nicht mitgenommen, so doch versteckt und später abgeholt werden. Ich markierte einen Baum neben der Stelle, an der ich sie vergraben hatte. Fritz zeigte ein nachsichtiges Lächeln. Er nannte mich einen Träumer.

Bei diesen Streifzügen stießen wir auch auf deutsche Kriegsgefangene.

Die Sowjets setzten sie bei Aufräumungsarbeiten ein und verlangten ihnen Schwerstarbeit ab. Wir beobachteten Gefangenenkommandos bei der Minensuche. Es war schlimm, mit ansehen zu müssen, wie brutal die Erschöpften von ihren Aufsehern behandelt wurden. Die Qualen dieser Kameraden berührten uns tief. Uns war dabei angst und bange, dass wir unserem eigenen Schicksal ins Auge blicken könnten. Solche Erlebnisse hinterließen Spuren. Sie erzeugten Unsicherheit und Schuldgefühle. Es vertieften sich Empfindungen, wie sie jeden, der entronnen ist, irgendwann einholen. Als stünde es uns gar nicht zu, noch frei herumzulaufen.

Ich fühlte mich, auch wenn es absurd klingt, bei diesen Begegnungen als Verräter.

Am 15. Mai lernten wir Charlotte und René kennen. Die Tage in Schönhausen waren zu diesem Zeitpunkt schon gezählt. Charlotte fiel mir auf, weil Frauen in dieser kriegerisch orientierten Männerwelt eigentlich gar nicht vorgesehen waren. Frauen waren Träume von einer anderen Welt.

Charlotte wollte kein Traumgeschöpf sein; deshalb trug sie Männerkleidung. Ihre kräftigen Füße standen auf dem Boden der Wirklichkeit. Diese sympathische Berlinerin strahlte eine natürliche Freundlichkeit aus. Sie war schlagfertig und humorvoll, ihre Ungezwungenheit wirkte ansteckend.

In Gegenwart dieser Frau fühlte man sich ausgesprochen wohl.

René war ein schlanker Franzose mit scharf gezeichneten Gesichtszügen. Er hatte das Gefangenenlager für französische Offiziere verlassen dürfen, weil er die Verpflichtung eingegangen war, in einem Rüstungsbetrieb als Ingenieur zu arbeiten. Dafür erhielt er den Status eines Zivilisten. Charlotte, die im selben Werk arbeitete, durfte ihn bei sich aufnehmen. René wusste, dass die Franzosen ihm das als Desertion auslegen würden. Er ging davon aus, vor ein Militärtribunal gestellt und hart bestraft zu werden. Zum Rapport bei der französischen Armee wollte er sich erst zurückmelden, wenn er Charlotte im westlichen Besatzungsgebiet sicher untergebracht wusste. René wirkte nervös und verunsichert, weil er sich von seinen befreiten Kriegskameraden fernhalten musste.

Charlotte erwies sich als Frau von großer Tatkraft. Das zuversichtliche Lächeln, mit dem sie René anblickte, gab ihm Auftrieb.

Mit Zustimmung von Fritz bot ich den beiden an, sich uns anzuschließen. Ich wies auf die Risiken hin, die bei der Elbdurchquerung eingegangen werden müssten. Eine im Geländeverhalten unerfahrene Frau durch die sowjetische Postenkette zu schleusen, sei nicht einfach. Von René erwarteten wir, dass er keine Belastung sein würde. Die Verantwortung für die letzte Aktion übernahm ich, Werner Kleine, 22 Jahre alt, gelernter Infanterist, seit dem 21. Juni 1941 in Russland mit dabei; ein junger Ehemann, aber ein altes Frontschwein.

Neben mir hatte ich Fritz Jahn, einen erfahrenen und zuverlässigen Kameraden. Ich ließ keinen Zweifel aufkommen, dass meine Weisungen ohne Diskussionen zu befolgen waren. Charlotte und René erklärten sich spontan und bedingungslos dazu bereit. Sie setzten ihr Vertrauen in unsere Fronterfahrungen.

Am Abend besuchten wir die beiden in ihrem Wohnwagen. Charlotte hatte allerlei Hausrat mitgebracht, von dem sie sich nun trennen musste. Zu ihren Füßen stapelten sich Kisten und Kartons. Aus Körben quollen Kleider hervor. Unter Strapazen hatten René und Charlotte ihre Siebensachen von Berlin bis Schönhausen geschleppt. Vergebens; all das musste zurückbleiben. Charlotte zeigte sich gefasst: „Hauptsache, wir kommen über die Elbe und können drüben ein neues Leben anfangen!"

In der Nacht kam Unruhe auf, weil eine Gruppe von Italienern große Alkoholvorräte entdeckt hatte. Alles war unterwegs, um sich an der Plünderung von Marketenderwagen zu beteiligen und Flaschen heranzuschleppen. Die harten Getränke führten zu einem Stimmungsumschwung; sie veränderten das Dorfleben. Betrunkene torkelten umher, Schlägereien wurden angezettelt, Streit und grölende Stimmen beherrschten die Feuerstellen. Die Frauen machten sich unsichtbar. Es war gefährlich, im Nachtfeldlager Schönhausen ein Begehrobjekt zu werden.

Unsere Behausung bot Sicherheit. In dieser Nacht würden wir sie nicht mehr verlassen. Leuchtkugeln stiegen auf. Für Momente erhellten sie die Auen vor dem Elbdamm. Die Entfernung war zu groß, und die Dachluke begrenzte das Blickfeld. Wir konnten nichts erkennen. Das Biwak dauerte bis zum Morgengrauen. Dann endlich kehrte für ein paar Stunden Ruhe ein.

Am nächsten Tag breitete sich Unzufriedenheit aus, weil die Sowjets nichts darüber verlauten ließen, ab wann sie den Elbübergang freigeben würden. Die unbegrenzte Wartezeit sorgte für zunehmend gereiztere Stimmung. Es fiel das Wort „Strafkolonie". Die befreiten Häftlinge hatten sich als Internationales Komitee organisiert; ihre Wortführer wurden den Russen unbequem. Um ihre vorzeitige Entlassung zu den Amerikanern durchzusetzen, legten sie beim Kommandanten Beschwerde ein.

Die Sowjets reagierten schnell, weil sie das Entstehen von Unruhen befürchteten. Sie verschärften die Kontrollmaßnahmen und ließen in kurzen Abständen Doppelposten durch die Straßen patrouillieren. Was ihnen gefiel, wurde beschlagnahmt. Auf die Empörung der Betroffenen reagierte man mit Drohungen. Wer aufmuckte, wurde festgenommen.

Das Dorf war voller Gerüchte. Angeblich hielten sich bewaffnete SS-Angehörige in den Kellern verborgen. Um sie ausfindig zu machen, würden die Sowjets hart durchgreifen. Durchsuchungen aller Häuser stünden unmittelbar bevor. Nach Einbruch der Dunkelheit flammten Suchscheinwerfer auf. Sie umkreisten den Ort, als seien sie eigens für Schönhausens Überwachung installiert worden. Und keiner von uns konnte sie ausknipsen. Friedhofsstille. Von einem Tag auf den anderen war aus einer Sammelstelle für Westheimkehrer ein Internierungslager geworden. Würde sie sich in eine Strafkolonie verwandeln, dann besaßen diejenigen die besten Überlebenschancen, die ihre Streifenanzüge gleich anbehalten hatten.

Der Gittervorhang vor dem Elbdamm konnte ein Stückchen weiter herunterrasseln. Wir sollten davon ausgehen, dass die Grenzbefestigungen noch verstärkt würden. Nun standen wir unter Handlungszwang. Der strömende Regen durfte uns nicht davon abhalten. Die Flucht musste noch in dieser Nacht gewagt werden.

*

Der Suchscheinwerfer sollte uns verraten, ob die westlichste Straße unter Bewachung stand. Er leuchtete einen breiten Streifen aus. Sein gebündelter Lichtstrahl verharrte einige Sekunden vor uns. Als er vom Kopfsteinpflaster abstrich, fiel die Straße in ihre Finsternis zurück. Schnell huschten wir über sie hinweg. Drüben, nur diese wenigen Schritte weiter, konnten wir unbehelligt in das Vorgelände des Flusses eindringen.

Die Nacht war stockdunkel. Ein Sturm machte sich auf; er tobte in den mächtigen Kronen der alten Bäume. Wenn die Zickzackbewegungen des Wetterleuchtens dafür ausreichten, blickte ich auf tiefhängende Wolken. Ich blieb zuversichtlich. Das miserable Wetter würde den Sowjetsoldaten die Sicht erschweren und uns das Durchkommen erleichtern.

René, Charlotte und Fritz gingen hinter mir. Sie hielten Tuchfühlung, weil keine Hand vor dem Auge zu erkennen war. Der Seliggraben ist allenfalls drei Meter tief. Seine sanft abfallende Böschung lässt halsbrecherische Stürze nicht zu. So wurde es nur ein sachtes Hinabgleiten. Charlotte lachte, als die unfreiwillige Rutschpartie nicht mehr aufzuhalten war. Das Wasser ging uns bis zu den Hüften. Der Sturm erreichte Orkanstärke, er nahm uns die Luft zum Atmen. Das unablässige Aufheulen ging an die Schmerzgrenze. Wir kletterten nach oben, verließen aber nicht die Vertiefung des Grabens; sie bot uns etwas Windschutz. Noch waren wir keine zweihundert Meter vorangekommen.

Die Nässe kühlte uns aus. Keiner hatte noch einen trockenen Fetzen am Leibe. Es bedurfte einer langen Wartezeit, bis der Sturm endlich abflaute. Zuversicht stellte sich ein, als der Regen erträglicher wurde. Auch der schicksalsergebene René begann neuen Mut zu schöpfen.

Wir stampften wieder los. Weit kamen wir nicht, weil der Himmel erneut seine Schleusen öffnete. Sintflutartig prasselte der Regen auf uns herab. Donner, Blitze, Hagelschlag. Die reinste Wetterkatastrophe.

„Solange wir nur von Hagelkörnern getroffen werden, geht's ja noch", sagte Fritz lakonisch. Langsam begann ich es für unverantwortlich zu halten, dem Unwetter trotzen zu wollen. Leuchtkugeln, die uns die Richtung angezeigt hätten, stiegen unter diesen Bedingungen nicht auf. Die Rote Armee verzichtete darauf, uns Hilfestellung zu geben. Unversehens und ohne Vorwarnung konnten wir einer Grenzkontrolle gegenüberstehen.

Umkehr? Alle waren damit einverstanden. Ich verfluchte den Feldwebel, dessen Hinterlist mich meinen Kompass gekostet hatte. Aber wir verloren nicht die Orientierung. Beim Rückmarsch fanden wir eine Brücke, die über den Wassergraben führte. Den Suchscheinwerfern auszuweichen war beim zweiten Anlauf viel einfacher. Beinahe spielerisch wurde das Überqueren der Straße bewältigt.

Die Generalprobe lag hinter uns. Charlotte und René hatten sie mit Bravour bestanden. Fritz sah es nicht anders. Die Naturgewalten durften uns kein zweites Mal besiegen. Was wir benötigten, war gute Sicht bei trockenem Wetter. „Wir brauchen eine Landkarte von dieser Region", sagte ich zu Fritz. „Suchet, so werdet ihr finden", lautete die Antwort.

Die Dachkammer wirkte vertraut. Sie war ein kleines Stück Zuhause. Nach dem gegenseitigen Abtrocknen überkam uns Wohlbehagen.

An diesem 18. Mai sollte in Leipzig die silberne Hochzeit meiner Schwiegereltern gefeiert werden. Schön wär's gewesen.

Trotz des anhaltend schlechten Wetters gelang es, unsere Vorbereitungen innerhalb von zwei Tagen abzuschließen. René konnte die zum Verstauen der Kleidung benötigten rucksackartigen Stoffbündel auftreiben. Auf unsere Rücken geschnallt, sollten sie das Schwimmen erleichtern. Charlotte kramte so lange in ihren Sachen herum, bis sie auf festen Bindfaden stieß. Sie fand auch Sonnenöl und Nivea Creme, die wir zum Einfetten brauchten, damit unsere Körper geschmeidig durchs Wasser gleiten konnten.

Weg von den Iwans - hin zu den Yankees

Fritz durchstöberte verlassene Wohnungen nach einer brauchbaren Karte. Als er sich abends von erfolgloser Suchaktion zurückmeldete, blieb er gelassen: „Morgen finde ich etwas!" Wie prophetisch. Am Vormittag des 20. Mai wurde Fritz für seine Ausdauer belohnt. Er fand die Karte bei der Durchsuchung eines Kinderzimmers; sie fiel aus einem Schulatlas und rutschte ihm vor die Füße. Eine Wanderkarte im Maßstab 1 : 25 000. Sie enthielt alle Wege und Stege der näheren Umgebung von Tangermünde. Um zu erkennen, dass westlich von Hohengöhren ein Waldstück bis auf 1500 Meter an das Elbufer heranreichte, bedurfte es nur einiger Blicke.

Am 21. Mai 1945 versetzte uns das prächtige Wetter in Aufbruchstimmung. Diesmal war alles ganz anders, weil wir uns sorgfältig vorbereitet hatten. Fritz stand an der Dachluke, ich trat hinter ihn. Unter uns lag das Dorf; es wirkte abgeriegelt. An den Ausfallstraßen waren Soldaten postiert. Wer Schönhausen verlassen wollte, musste seinen Ausweis vorzeigen.

Im Lager herrschte Aufregung. Inmitten von Straßenschmutz und Abfällen herrschte ein lebhaftes Durcheinander abenteuerlicher Gestalten. Unter ihnen zornig gestikulierende sowjetische Offiziere. Der allen Soldaten bekannte Kommissgeist wehte selbstverständlich auch bei der Roten Armee. Unsere Blicke fielen auf Vertrautes und Fremdartiges. Sie umfassten ein bühnenreifes Zigeunerlager. „Pittoreskes Szenario", sagte Fritz leise.

*

Schönhausen. Ein Dorf mit geschichtlichem Hintergrund. Durchgangsstation zwischen Ost und West. Unser Abgang erfolgte nach zehn Tagen Richtung Nordwest. Fluchtziel: Elbe. Weg von den Iwans, hin zu den Yankees. Abmarsch 16.00 Uhr. Es wurde langsam ernst.

Der sowjetische Posten erwartete uns vor dem Bahnübergang. Er hatte ein blutjunges Gesicht und einen kahlgeschorenen Kopf. Der Kinnflaum sah aus wie vor der ersten Rasur.

„Propuske?" fragte er. Wir zeigten unsere Ausweise und sagten: „Holandsky, Pan!" Das Knabengesicht zeigte keine Spur von Mienenspiel. Endlich zog der Soldat den Schlagbaum mit einer scheppernden Eisenkette hoch. Erleichtert überquerten wir den Bahndamm.

Bald umgingen wir die ersten Häuser von Hohengöhren und bewegten uns so lange nordwestlich, bis wir im Gebüsch der Uferauen verschwinden konnten. Die Wanderkarte leistete uns gute Dienste.

Vorsichtig pirschten wir uns durch das Unterholz bis zu einer weit vorgeschobenen Waldspitze. Hinter der dichten Bewachsung fanden wir einen gut getarnten Lagerplatz. Bis Mitternacht mussten wir uns verbergen. Stunde um Stunde verrann, bis sich die Sonne verfärbte und der milde Abend nahte. Charlotte nutzte die Zeit, um Samariterdienste zu leisten. Zuerst kam Fritz an die Reihe. Seinen Oberarm bandagierte sie mit der Routine einer Krankenschwester. Danach legte sie die steifen Finger meiner linken Hand auf ein kleines Holzbrett. Geschickt schnürte sie den Verband darauf und umwickelte ihn mit Bindfaden. Beim Schwimmen würde das Brett meiner Hand einen festen Halt geben.

René machte sich Sorgen. Nachts sei Charlotte noch nie geschwommen. Sie könne nicht kraulen und müsse bei starker Strömung auf die erholsame Rückenlage verzichten. Mir erschien Brustschwimmen am verlässlichsten, weil sich aus dieser Lage das Umfeld genau beobachten ließe. Zu den Strömungsverhältnissen wusste ich ebensowenig etwas zu sagen wie über die Breite des Stromes. Die Meinungen gingen auseinander. Sie schwankten zwischen ein- und zweihundert Metern. René beschloss, Charlotte bei sich anzuleinen. Fritz observierte eine vor uns befindliche Baumgruppe. Leider war sie nur über ein gut einsehbares Gelände erreichbar. Meine Befürchtung, dass sich dort ein sowjetischer Beobachtungsstand befinden könnte, erwies sich als unzutreffend. Auf die Aussage des spähtrupperfahrenen Fritz war Verlass.

Erhöhte Wachsamkeit war angesagt. Nach vor Einbruch der Dunkelheit machte ich mich auf den Weg. Zunächst robbend, dann in tief geduckter Haltung, überwand ich diese zweihundert Meter. Ich fand keine Spuren von Rotarmisten; die würden ihre Kontrollgänge erst in der Nacht aufnehmen. Der Hochwasserdamm ließ sich nur undeutlich erkennen. Ein Feldstecher stand nicht zur Verfügung. Drei hohe Lichtmasten ragten in den Himmel; trotz der großen Entfernung waren sie nicht zu übersehen. Mit ihren riesigen Scheinwerfern würden sie den Wall anstrahlen und seine Umgebung grell und tückisch ausleuchten. Sie waren Signale der Bedrohung. Wie eingepflanzte Warnzeichen standen sie zwischen uns und dem Fluss.

Die Erdaufschüttung war dicht bewachsen. Für Granatwerfer und Maschinengewehrnester bot sie eine hervorragende Tarnung. Die brauchten ein freies Schussfeld mit dem unverstellbaren Blick über die Ebene. Ich prägte mir das Gelände ein. Die feuchte Niederung mit dem Weideland. Die Wiesen mit dem niedrigen Buschwerk, besonders die Einzelbäume und jedes höhere Gestrüpp, das Deckung versprach.

Über der Abenddämmerung lag eine trügerische Stille. Es gab weder Bewegung, noch ließen sich sowjetische Soldaten entdecken. Vielleicht sollte uns weisgemacht werden, dass dieser Abschnitt unbewacht wäre. Auf ein Täuschungsmanöver würden wir nicht hereinfallen. Die Dunkelheit ließ auf sich warten; sie würde unser wichtigster Verbündeter sein. Fritz erschien pünktlich zur Ablösung. Er wollte informiert werden, um sich von unserer Ausgangsposition ein Bild zu verschaffen.

Die Dämmerung reichte aus, um Charlotte und René nachzuholen. Beide zeigten sich beim Verlassen des Waldes sehr zuversichtlich. Wir streckten uns aus. Jeder sollte noch einmal Kraft schöpfen und sich innerlich sammeln. Dann schreckte uns das plötzliche Aufflammen der Scheinwerfer hoch. Sie blieben nicht starr auf den Elbdamm gerichtet, sondern begannen zu kreisen. Bei mir löste das Erleichterung aus, denn einem Suchscheinwerfer auszuweichen ist einfacher als eine Lichtsperre zu durchbrechen.

Der Aufbruch war eine Erlösung. Als wir die Baumgruppe verließen, war es weit nach Mitternacht. Ich kroch voran. René und Charlotte folgten. Fritz war der Schlussmann. Er hatte die Gruppe nach hinten abzusichern. Robben, Kriechen. Sich auf abwechselnde Ellenbogen stützend nach vorne bewegen. Das heißt, harte Bauchmuskelarbeit leisten, was Charlotte nicht lange durchhielt. Immer größere Pausen mussten eingelegt werden. Es ging nur noch stockend weiter, umständlich und zunehmend langsamer.

Wir warteten, bis die Dunkelheit es erlaubte, vorsichtig aufzustehen und eine geduckte Haltung einzunehmen. Unsere Augen hatten sich an die Nacht gewöhnt. Schweißgebadet empfanden wir es als Erfrischung, als ein leichter Nieselregen einsetzte. Ungefähr einhundert Meter vor den Scheinwerfern machte ich halt. Es galt nun herauszufinden, in welchen zeitlichen Abständen die Posten auf dem Wall patrouillierten. Unsere Geduld wurde nicht belohnt. Es zeigte sich, dass wir erheblich näher an den Damm heranrücken mussten. Die Scheinwerfer zogen ihre Kreise. Sie erschienen uns wie unsichtbar gesteuerte Lichtbahnen, die nicht zu umgehen waren. Entschlossen krochen wir ihnen entgegen. Bevor sie ihre Leuchtketten auf uns werfen konnten, verschwanden wir in einer Bodensenke. Flachliegend, die Köpfe ins Gras gedrückt, wähnten wir uns sicher. Übergangslos gerieten wir unter die Strahler. Die Plötzlichkeit der gebündelten Lichtfülle löste Hilflosigkeit aus. Indem wir uns fest an den Boden pressten, überkam mich ein Gefühl von Ohnmacht. Es war, als müssten wir regungslos auf einer grellbeleuchteten Bühne verharren; wir waren die Hauptdarsteller eines Gruselstücks. Das Drehbuch hieß „Flucht zur Elbe".

Abblenden!

Endlich die erlösende Finsternis. Aber noch immer die weißen Blitze mit den helldunklen Schattenspielen vor den Augen. Umdrehen nach den anderen. Alle waren zum Weiterrobben bereit. Das befreite Aufatmen erfolgte erst, nachdem wir die schützenden Büsche des Elbwalls erreicht hatten.

Erinnerungen an den Uferdamm des Flusses Suscha in den Mittelrussischen Höhen stellten sich ein. Der Stoßtrupp vom 4. Juli 1943 sollte nordöstlich von Orel Klarheit schaffen über den Feind. Um Gefangene einzubringen, musste der Fluss durchquert werden. Flammenwerfer und Minensuchgeräte wurden mitgeführt. Mir oblag es, ein neuentwickeltes Funksprechgerät zu testen.

Die Ausgangspositionen waren nicht vergleichbar: Damals übersetzte man uns auf Schlauchbooten; diesmal würden wir schwimmen müssen. Damals waren wir schwer bewaffnet; diesmal wehrlos.

Die Demarkationslinie war nichts weiter als eine Erdaufschüttung zum Schutz gegen das Hochwasser. Ahnungslos stampften die Soldaten der Roten Armee an uns vorbei. Sie gingen als Doppelposten mit aufgepflanzten Bajonetten. Manchmal blieben sie oberhalb von mir stehen. Dann klangen russische Gesprächsfetzen halblaut zu mir herunter.

Unsere Tarnung war perfekt. Hinter dem dichten Buschwerk blieben wir in der Nachbarschaft von Weiden, Buchen und Erlen unauffindbar. Charlotte klagte über Erschöpfung. Die Pause würde ihr helfen, neue Kräfte zu gewinnen. Von René kamen keine Impulse. Er war nervös, weil ihm das strikte Rauchverbot zu schaffen machte. Ich klopfte ihm aufmunternd auf die Schulter. Fritz nickte mir zu. Worte waren überflüssig. Charlotte erholte sich rasch. Ihr genügten zwanzig Minuten. Die Willensstärke dieser Frau war zu bewundern.

Der Zeitabstand zwischen den Kontrollgängen betrug vier Minuten. Er würde uns reichen, über den Damm zu kommen. Gelegentlich aufsteigende Leuchtkugeln, die den Wall mit Helligkeit überfluteten, konnten uns gefährlich werden. Höchste Aufmerksamkeit war angesagt. Kaum waren die Tritte der Patrouille verklungen, kroch ich über den oberen Rand und vergewisserte mich, dass die Plattform frei war. Dann winkte ich den Gefährten zu. Jeder von ihnen wusste, dass alles vermieden werden musste, was sowjetische Aufmerksamkeit erregen könnte. Im Abstand weniger Sekunden folgten sie mir geräuschlos über den Dammweg.

Die Sowjets standen erst seit wenigen Tagen an der Elbe. Deshalb war nicht zu befürchten, dass wir auf explodierende Minen treten würden. Dennoch zwang uns der glitschige Boden zu großer Vorsicht. Tief gebückt tasteten wir uns durch das Strauchwerk. Stets darauf bedacht, knackendem Unterholz auszuweichen, kamen wir Schritt für Schritt voran. Der Pfad erstreckte sich am Rande eines Sumpfgebietes. Wir folgten den Windungen über eine abschüssige Wiese, bis sich die letzten Spuren im Morast verwischten. Vor uns befand sich ein toter Flussarm. Zwischen Schilf und Weidenbüschen glitzerte das Wasser. Vielstimmiger Protest empfing uns, als wir in das Rohrdickicht einbrachen. Er steigerte sich bei jedem unserer Schritte. Die anschwellenden Froschkonzerte erzeugten hallende Echos. Vögel flatterten auf. Erst einzeln, dann in Schwärmen. Rauschende Flügelschläge, Kreischen und schauriges Krächzen geisterte über unsere Köpfe hinweg. Schwerfällig erhoben sich einige Wildenten. Erschrocken blieben wir stehen.

Stimmengewirr, Kommandorufe, Alarmsignale. Leuchtkugeln zischten hoch und verbreiteten flackernde Helligkeit. Unweit unseres Standortes stürzten sie ab und verschwanden unter glucksenden Geräuschen im Wasser. Die Reichweite der an den Damm gefahrenen Scheinwerfer blieb begrenzt. Auch das gleißendste Licht vermochte nicht, uns als Zielobjekte darzustellen. Mindestens fünfzig Meter lagen dazwischen. Die Büsche waren undurchsichtig. Und das hohe Schilf verbarg uns, als wären wir von ihm verschluckt worden. Geduckt standen wir im hüfttiefen Wasser. Plötzlich knallte es. Eine Patrouille leerte die Magazine ihrer Schnellfeuergewehre. Zur eigenen Beruhigung oder nur zum Spaß?

Die letzten Russenflüche erreichten uns per Leuchtspurmunition. Eine Funkenkette raste vorbei. Verschiedene Geschosse prallten an den Bäumen ab. Durch seitliches Aufschlagen veränderten sie ihre Richtung und klirrten uns als Querschläger um die Ohren. Diese Schüsse besagten, dass sich keine sowjetischen Soldaten mehr vor uns befanden. Nun galt es Ruhe zu bewahren. Geduldig warteten wir auf den Eintritt von Stille.

Auf einer Strecke mit niedrigem Buschwerk und Weidenbäumen, deren bizarre Astgeflechte wie ausgefranste Pinsel aussahen, ging es weiter. Schlüpfriger Grund und großflächige Pfützen kündigten das stehende Gewässer des letzten Flussarmes an. Beim behutsamen Eindringen in das Froschrevier begleitete uns nur vereinzeltes Gequake. Dieser Wasserstreifen ließ sich fast geräuschlos durchwaten.

Fritz kam nach vorn. Gemeinsam traten wir aus dem Schilfrohr. Zwischen herabhängenden Blättern hob sich das breite Silberband des Elbstromes vom Nachthimmel ab. In einer anderen Situation hätten wir diesen Anblick als idyllisch empfunden.

Es war uns gelungen, die Elbbewachung zu durchschlüpfen. Wir standen kurz vor dem Ziel, die Demarkationslinie zu überwinden. Charlotte umarmte René. Sie war überzeugt davon, auch das letzte Abenteuer noch zu bestehen. Dann rannten wir los. Umliefen Gebüschgruppen und stolperten durch hochaufgeschossene Farne, waren nicht aufzuhalten, als wir an den nackten Körperstellen das unangenehme Brennen verspürten. Übermütig durcheilten wir das Brennesselfeld mit Hüpfen, Sprüngen und komischen Verrenkungen.

Die Elbe! Endlich lag sie greifbar nahe vor uns. Sie erschien mir geheimnisvoll und großartig; ein würdiges Ziel, sich tödlichen Gefahren auszusetzen. René hielt Charlotte umschlungen. „Du bist wunderbar", sagte er zärtlich. Wir sahen und lauschten zum anderen Ufer hinüber. Aus der Nacht klang kein Laut zu uns. Nichts als das gleichtönende Plätschern und Glucksen des Flusses war zu hören. Und dass sich drüben Baumwipfel gegen den Sternenhimmel abhoben, konnte meiner Phantasie entsprungen sein. Ein kaum wahrnehmbares Schimmern zeigte die ersten Vorboten der Morgendämmerung an. Unsere Gesichter wirkten schemenhaft, obwohl wir direkt am Wasser standen, wo es um Nuancen heller war.

Es war damit zu rechnen, dass die Yankees ihre Uferzone bewachten. Deshalb durften wir uns auch auf der westlichen Seite nicht durch Zurufe verständigen. Die Situation machte es notwendig, uns völlig zu entkleiden. Die Sachen wurden in den Rucksäcken verstaut. Dann rieben wir unsere Haut mit einem Fettgeschmier ein; die Mixtur bestand aus Niveacreme und Sonnenöl.

Wir schätzten ein, dass es vorteilhaft sei, wenn wir als Gruppe zusammenblieben; dann könne man sich gegenseitig helfen. Fritz meldete Bedenken an. Er wollte für sich bleiben, weil er ein langsamer Schwimmer sei.

22. Mai 1945. Es war bereits etwas nach drei Uhr, als wir eintauchten und von der Elbe umspült wurden. Wie Balsam wirkte das kühlende Nass auf die Brennflächen der Haut. Unsere Handgelenke waren durch Bindfaden miteinander verbunden. Nach den ersten Schwimmzügen schon überkam mich ein tiefes Gefühl von Freude und Dankbarkeit. Es durchfloss mich in der Gewissheit, nun endgültig einer langjährigen sowjetischen Gefangenschaft entkommen zu sein.

Langsam schwammen wir auf die Mitte des Stromes zu. Charlotte und René vermochte ich bei spärlichem Schein nur noch undeutlich wahrzunehmen. Sie machten sich durch halblaute Zurufe gegenseitig Mut. Von Fritz war nichts zu sehen. Da mir seine bedächtige Art vertraut war, blieb ich unbesorgt.

Unerwartet tauchte ein weißes Schiff vor mir auf. Geräuschlos fuhr es stromaufwärts vorüber. Im fahlen Licht wirkte es gespenstisch. Ich erschrak bei dem Gedanken, in den Sog zu geraten. Doch nichts dergleichen geschah. Wir erreichten die westliche Elbseite ohne Zwischenfall.

Charlotte blieb auf dem Bauch liegen, als sei sie angeschwemmt worden. Sie atmete hastig und war am Ende ihrer Kräfte. Wir zogen sie aus dem Wasser und suchten nach Deckung. Nach wenigen Schritten versteckten wir uns im Dickicht der Uferbewachsung. Um uns herum war nichts als Bäume, Sträucher und der Himmel. René nahm ein triefnasses Kleid aus dem Rucksack und versuchte, Charlotte damit trockenzureiben. Wo aber blieb Fritz? Während René die Suche stromabwärts aufnehmen sollte, würde ich in entgegengesetzter Richtung Ausschau halten.

Der Uferpfad lag verlassen da. So, als habe ihn seit langer Zeit kein Fuß mehr betreten. Ein Laubwald reichte bis an das Wasser heran. Die unteren Äste reckten sich weit hinaus über das Wasser. Die Natur schien unberührt. Das besagte jedoch nicht viel. Ihre Waffen im Anschlag, konnten jederzeit amerikanische Soldaten aus dem Gebüsch heraustreten. Mein Losungswort wäre: „Besser Kalifornien als Sibirien!"

Vorsichtig bewegte ich mich über schlüpfrige Kieselsteine und durchnässten Sand. Am Uferrand dümpelten einige Boote. Gut ver-

täut und festgezurrt lagen sie auf dem Wasser. An ihnen vorbei ge-
langte ich zu einem Landungssteg. Ein weißes Schiff war dort ver-
ankert; es schaukelte sanft und gab bisweilen knarrende Geräusche
von sich. Vor dem Krieg mochte es als Fähre gedient haben.

Ich schlich heran und verhielt mich still. An Bord befand sich
kein Mensch. Das Rätsel um das Geisterschiff war gelöst. Die starke
Strömung hatte mich an diesem weißen Kajütboot vorbeigetrieben.

Hier konnte Fritz nicht gewesen sein; weit flussabwärts musste
es ihn hinweggetragen haben. Ihn aufzufinden, konnte allenfalls
René gelungen sein. Mich fröstelte; ich war splitternackt. Umkeh-
ren.

René winkte schon von weitem ab. Von Fritz gab es keine Spur.
Charlotte erwartete mich ungeduldig. Ihre Bitte war verständlich:
Eine Scheune zum Aufwärmen. Sie war nicht davon abzubringen,
dass Fritz wieder zu uns stoßen würde. Niemand zweifelte daran,
dass er noch am Leben war. Die Suche nach ihm musste eingestellt
werden, obwohl wir auf der westlichen Elbseite bisher in ein Niemandsland vorgestoßen waren.

Nasse Kleidung verursacht ein unangenehmes Kleben am Körper. Die rasch zunehmende Helligkeit zwang uns dazu, das
Marschtempo zu beschleunigen.

Beim Anblick der ersten Häuser überkam uns Ernüchterung.
Zwei riesig anmutende US-Panzer bildeten eine Straßensperre. Sie
riegelten die Zufahrt ab, als müsste Verteidigungsbereitschaft de-
monstriert werden.

Das Dorf *Storkau* war noch ohne Lichtschimmer. Etwas abgele-
gen fanden wir einen Heuschober. Über ein kleines Feldstück hinweg ließ sich genau beobachten, was im Ort passierte. Wir rieben
uns kräftig ab. Die Durchblutung erzeugte ein wunderbares Lebensgefühl. Es tat gut, die Wärme zu spüren und sich im Heu auszustre-
cken.

Sehnsucht kam auf. Sie ließ die Gedanken kreisen und unter-
drückte alle Müdigkeit. Täglich hatte ich mich gefragt, was aus mei-

ner Frau geworden sei. Wie es den Eltern ergangen war und meiner Schwester. Wo sich mein Vater befinden mochte und ob es ihm gelungen sein konnte, die letzten Kriegswochen zu überleben. Sich mit Fragen auseinanderzusetzen, auf die es keine Antwort geben kann, ist wie eine seelische Folter.

Und meine Vaterstadt, in welchem Zustand würde ich sie vorfinden? Undeutlich sah ich die Ruinen vor mir, die endlosen Reihen der Häuserstümpfe. Erblickte den Hauptbahnhof in der gleichen gespenstischen Weise wie damals, am 31. Januar bei der Abfahrt nach Bautzen. Leipzigs Hauptbahnhof. Eines Tages wird aus seinen Trümmern ein neuer Prachtbau entstehen. Vor den Schaltern werden sich Warteschlangen bilden. Verspätete Reisende sieht man die vielen Treppen hinaufhasten. In der riesigen Bahnsteighalle und auf den sechsundzwanzig Gleisen wird das geschäftige Treiben einer Weltstadt herrschen. Jeder wird eine Karte lösen und einen Zug besteigen können. Und nicht nur abreisen, sondern auch zurückkehren dürfen. Dann werden sich Träume erfüllen: auf anderen Kontinenten. In Afrika. Oder irgendwo in Südamerika.

Noch aber befanden wir uns im Vorpostenbereich der amerikanischen Besatzungszone. Nun würde es darauf ankommen, sich möglichst ohne Berührung mit US-Truppenverbänden nach Leipzig durchzuschlagen.

Wir waren unbekümmert. Es war nicht mehr weit. Ein paar Tagesmärsche vielleicht noch, dann würden wir es geschafft haben. Wer den Russen entkommen war und die Elbe überwunden hatte, würde auch den Amerikanern nicht in die Hände fallen!

An Schlaf war nicht mehr zu denken. Zaghaft blinzelten die ersten Sonnenstrahlen durch die Dachritzen. Sie flimmerten über die Strohballen und verbreiteten Zuversicht.

***

165

Hauptfeldwebel Müller hatte sich sein phänomenales Personengedächtnis bewahrt. Als er mich 1955 vor dem Kölner Dom ansprach, lag eine sechsjährige Gefangenschaft im nordrussischen Kohlengebiet von Workuta hinter ihm.

Das Ehepaar Dr. Friedrich überlebte die Kämpfe um Bautzen und kehrte nach Leipzig zurück.

Tim, dessen korrekter Name Erhard Schweingel lautete, durfte damals in Königs Wusterhausen im Lazarettzug verbleiben. In Lübeck wurde er ausgeladen und in britische Gefangenschaft überführt. Seine Entlassung erfolgte in die sowjetische Besatzungszone, weil er aus Bad Schmiedeberg stammte. Nach einem Jurastudium mit angeschlossener Promotion beging er 1953 „Republikflucht". Er heiratete, wurde Vater von drei Kindern und war zuletzt Präsident des Landesarbeitsamtes Niedersachsen. Erhard Sehweingel verstarb 1983.

Fritz Jahn war von der Elbströmung weit abgetrieben worden, weil die stark eingeschränkte Bewegungsfähigkeit des durchschossenen Oberarms das Schwimmen erheblich erschwert hatte. Er trampte in der Rekordzeit von drei Tagen nach Leipzig. Den Yankees - die zu jenem Zeitpunkt deutsche Kriegsgefangene zur Bestrafung für die Morde und Grässlichkeiten der Konzentrationslager in Bad Kreuznach verhungern ließen - entging er mit List. Dabei halfen ihm seine ausgezeichneten englischen Sprachkenntnisse. Er durfte einen militärisch abgesicherten Schweinetransport als Dolmetscher begleiten. Auf unbequemer Lkw-Ladefläche, dem Gestank von 40 quietschenden Ferkeln ausgeliefert, überstand er in rasanter Fahrt 65 Kilometer in Richtung Heimat. Bereits am 26. Mai tauchte Fritz in der Wohnung meiner Eltern auf. Seine Ankündigung, dass ich in Kürze eintreffen werde, löste große Freude aus. Fritz Jahn machte einen Aufstieg als Lehrer. Er promovierte, heiratete eine Kollegin und war zuletzt Direktor an der Deutschen Hochschule für Körperkultur (DHfK) in Leipzig.

Charlotte, René und ich benötigten von Stendal bis Leipzig sechs Tage zu Fuß. Mit schrecklichen Bildern der Zerstörung schrieb sich Magdeburg in meine Erinnerungen ein. Die Innenstadt war am 16. Januar durch ein Flächenbombardement völlig vernichtet worden. Wir gingen kilometerlang an zertrümmerten Gebäuden vorbei.

Das Völkerschlachtdenkmal in Leipzig unmittelbar nach Kampfende.
Davor ein gefallener deutscher Soldat

Auf unserem weiteren Weg Richtung Süden stellten wir fest, dass in kleineren Ortschaften das Leben schon den Anschein von Normalität zurückgewonnen hatte. Aus den Häusern erklang die Radiomusik des amerikanischen Soldatensenders American Forces Network (AFN). Nachts vermittelte die Aufhebung der jahrelangen Verdunklung durch die ungewohnte Lichtfülle hellerleuchteter Gaststätten ein neues Lebensgefühl.

Schuppen und Souterrainwohnungen hatten sich in Bars verwandelt, vor denen fein herausgeputzte „Froileins" erwartungsvoll auf hohen Hacken umherstolzierten. Aus geöffneten Türen schallten aufpeitschende Jazzrhythmen. Im Rotlichtmilieu hatte die Friedensatmosphäre schon Einzug gehalten.

Übersah man die häufig ergebnislosen Wettläufe nach Essbarem und die Besorgnis, von amerikanischen Soldaten aufgegriffen zu werden, so war diese letzte Etappe ein Spaziergang.

Gefallene deutsche Soldaten bei Leipzig.

In *Leipzig* grassierte der Hunger. Illegale waren ohne Chancen auf Lebensmittel. Mir blieb nur der risikovolle Versuch, die von den Amerikanern verwaltete Kartenstelle im Rathaus aufzusuchen und mich als Gerard van Spronsen auszugeben. Nach Vorlegen des inzwischen stark vergilbten Auto-Union-Ausweises wurden mir anstandslos die mit der Ausländerzulage versehenen Lebensmittelkarten ausgehändigt.

Wenige Tage vor dem Abzug der amerikanischen Truppenverbände aus Leipzig meldete sich René bei einer französischen Dienststelle zur Registrierung. Bevor er das Kasernentor durchschritt, winkte er uns noch mal zu. René durfte nicht wieder zurückkehren. Charlotte versuchte vergeblich, etwas über sein Verbleiben in Erfahrung zu bringen. Voller Verzweiflung gab sie ihre Schwangerschaft preis.

Sowjetische Militärkommandantur in der Döllnitzer Straße 25
(heute: Lumumbastraße)

Einzug sowjetischer Truppen in Leipzig, 2. Juli 1945

Der Einzug der Roten Armee am 2. Juli 1945 veranlasste diese großherzige Frau zur Rückkehr in ihre Heimatstadt Berlin.

Welche Schicksale ihr und René auferlegt wurden, ließ sich nie in Erfahrung bringen.

Der ehemalige NS-Offizier Kurt Hempel wohnte ab 1949 neben einem Onkel meiner Frau in der Leipziger Riebeckstraße. Er wurde Mitglied der SED, bewährte sich als Polit-Agitator und machte eine Karriere beim Staatssicherheitsdienst.

Fritz Jahn ist am 23. Dezember 1994 an den Folgen einer Herz-operation gestorben. Die gemeinsame Reise auf den Spuren unserer Fluchtroute von 1945, die anlässlich der 50jährigen Wiederkehr unserer Erlebnisse für April 1995 geplant war, kann nicht mehr stattfinden.

Der Tod meines Kriegskameraden und Freundes erfüllt mich mit Trauer und tiefer Betroffenheit.

Ein Wiedersehen in Meckenheim (April/Mai 1994).
Dr. Fritz Jahn und Werner Kleine

Rückblick

Am 7. Mai 1945 gegen 12.00 Uhr mittags brachen sowjetische Panzer etwa fünf Kilometer südlich der Brücke von Tangermünde zur Elbe durch und begannen diese Übergangsstelle zu beschießen. Dabei gerieten die amerikanischen Beobachter am Westufer unter das Feuer der eigenen Verbündeten. Trotz der Leuchtkugeln, die von den Amerikanern abgeschossen wurden, um eine Feuereinstellung zu erreichen, setzten die Panzerschützen ihren Beschuss fort. Hierbei wurde ein amerikanischer Soldat getötet, drei erlitten schwere Verletzungen.

Daraufhin räumten die Amerikaner einen Uferstreifen von etwa zwei Kilometer Breite. Im Verlaufe des 8. Mai begannen sie damit, deutsche Soldaten, die vor den Russen zu ihnen geflüchtet waren, an die Rote Armee auszuliefern.

Der Übergang von Verbänden der 12. Armee über die Elbe bei Tangermünde. Die gesprengte Eisenbahnbrücke war durch Behelfsstege begehbar gemacht worden

Soldaten der Division Gaudecker, die das Westufer der Elbe schwimmend zu erreichen suchen, werden von amerikanischen Sturmbooten aufgenommen

Bildquellen

Beil, Karl-Heinz; Chronist, 02906 Niesky, Neumannstr. 25

Gemeindeverwaltung 39524 Hohengöhren; Bürgermeister A. Bausemer

Hartmann, Sabine; 10823 Berlin, Eisenacher Str. 59

Heimatmuseum Falkensee; 14612 Falkensee, Frau Helbig

Historisches Archiv; NS-Dokumentationszentrum, 50667 Köln

Institut der Geschichte für die deutschen Juden, 20148 Hamburg

Landespolizeischule Sachsen; 02625 Bautzen, Kantstr. 25

Landkreis Havelland; Kreis- u. Verwalt.--Archiv, 14712 Rathenow

Mahn- und Gedenkstätte Sachsenhausen; 1615 Oranienburg

Museum der Stadt Nauen; 14641 Nauen, Frau Martina al Diban

Stadtarchiv Tangermünde; 39590 Tangermünde, Frau Brückner Stadt- u. Parkmuseum; 02951 Bad Muskau, Frau Kollewe

Stadtverwaltung Forst/Lausitz; 03141 Forst, Archivarin Johanna Glow Szepansky, Wolfgang; Kunstmaler, 12107 Berlin, Hirzerweg 145a

Der besondere Dank des Autors gilt allen Damen und Herren der vorstehend genannten Institute, die historische Fotografien, Stadtpläne, militärische Standortskizzen und Luftaufnahmen beschafft oder zur Verfügung gestellt haben.

Verwendete Literatur

Busse, T.: Die letzte Schlacht der 9. Armee Chronik des 20. Jahrhunderts

Färber, M.: Zweiter Weltkrieg in Bildern

Gellermann, G.: Die Armee Wenck - Hitlers letzte Hoffnung

Goebbels, J.: Letzter Aufruf

Jahn, F.: Von der Neiße bis zur Elbe. Rückzugskämpfe und Flucht-erlebnisse

Karpow, W.: Russland im Krieg 1941-1945

Kleine, W. Tagebuchaufzeichnungen, Fotos, Dokumente

Kleine, W./ Jahn, F.: Protokoll einer Flucht

Pilop, W.: Die Befreiung der Lausitz

Schukow, G.: Erinnerungen und Gedanken

Verwundungen - 50 Jahre nach der Zerstörung von Leipzig

Wehrmachtsberichte April-Mai 1945. Ausschnitte

9 783752 835908